转型

TRANSFORMATION MINDSET

思维

如何在数字经济时代快速应变

吴晨【著】

ZHEJIANG UNIVERSITY PRESS
浙江大学出版社

吴晨精进 · 木木画书

Deep Blue was the end;
AlphaGo is the beginning.

—— Kasparov

机器学习，才刚刚学步呢！

转型期的思考

我们正处在一个从工业经济时代向数字经济时代大转型的时期，这一转型最大的推手是新科技。

我们可以用 DARQ5 来总结推动未来变革的五项黑科技，分别是：D(Distributed Ledger，分布式账本，也就是我们常说的区块链)、A(AI，人工智能与大数据)、R(VR 和 AR，虚拟现实和增强现实)、Q(Quantum Computing，量子计算)及 5G(快速实时的通信新标准)。

区块链是构建未来价值互联网的底层技术，有可能推动去中心化的实现，并更有效地在商业社会中构建信任。人工智能与大数据是数字经济变革的最大推手，将持续推动机器智能的发展。VR 和AR 是五项黑科技中应用最广的技术，在制造和娱乐领域已经有了应用场景,但是更重要的潜力则在于在创建人与机器的数字分身①的过程中,能够给予人直观感受。量子计算则是一个可能拥有巨大潜力的新推手,它将带来实质性的突破,不仅会带来机器算力的另类提升,也会为从密码学到化学制药的仿真实验等各个领域带来全新的实践模式。和4G一样,5G将是新一代移动通信技术的基础设施。如果说4G催生了至少三家市值接近万亿美元的公司,带来了智能手机这种几乎使人类肢体进化、大脑延伸的新科技,那么5G的潜力就更大。我们可以看到的是无人驾驶与远程医疗的突破,但是当5G真正成为全新的基础设施时,它最大的贡献可能是在全新的基础设施上"长"出新物种。

DARQ5意味着未来科技所带来的转型和迭代会更猛烈,也需要每个人做好准备。好在,这并不是人类第一次面临科技变革,历史的视角可以帮助我们更好地预见未来。

如果想要梳理历史上科技变革给工作带来的变化,可以从社会转型的角度进行。社会转型可以被简单划分为三次主要的转型,而伴随着每次转型都有大量工作岗位被消灭,同时又有大量新工作岗位被创造出来。

---

① 数字分身是指,通过越来越精密的传感器追踪人和机器的各种行为,在虚拟世界中重构这样的行为,并使人工智能根据这样的重构对未来的行为进行预测。对人而言,这样的预测是对个人兴趣爱好或者未来购买行为的预测;对机器而言,这样的预测则指更好地预判未来可能发生的问题,比如说预测飞机发动机需要大修的时间。

　　第一次转型是农业社会向工业社会的转型,起始于 18 世纪;第二次转型是电脑的广泛运用推动的工业社会向服务业社会的转型,起始于 1973 年个人电脑的兴起;第三次转型则以 2015 年作为起始点,开启了人工智能作为主要推动力的迈向数字社会的转型。

　　200 多年前的第一次工业革命以机器动力取代畜力,迫使大量农民进入制造业,带来的最大的转变是制造业对农业的替代。20 世纪 70 年代开始的计算机革命,则开启了发达市场去工业化的过程,更确切地说是蓝领工人被自动化取代或者他们的工作被新兴市场承接的过程。二战之后维持了 30 年的平衡被打破,20 世纪 70 年代之后贫富差距拉大,蓝领的中产梦破灭,同时计算机革命让熟练使用电脑的白领工人工资更高,教育差距带来的收入差距被进一步拉大。

　　两次革命都有自动化和全球化两个层次。第一次工业革命所带来的全球化,相对于自动化滞后了一个世纪。比如,蒸汽动力带来的轮船革命和铁路革命,在全球推广需要时间,人们无法像推广一个 App(手机软件)那样一下子在全球大规模复制和推广蒸汽机。第二次服务业转型所带来的全球化相对于自动化也滞后了将近 20 年。中国的很多企业甚至现在还身处流程自动化转型之中。

　　人工智能开启了第三次转型,我们身在其中。这次转型的特点是全球化与自动化同期而来,没有滞后:一方面是机器凶猛而来,自动化取代大量白领的工作岗位;另一方面,全球化带来的通信与交流的便利也正把白领劳动力的全球工资竞争推向白热化。

中国,作为前两次大转型的跟随者和追赶者,在第三次转型中,将面临三重挑战,或者说三重挑战。

首先,许多企业本身的流程管理自动化转型尚未完成。一些大型企业刚刚完成流程管理转型的 1.0 版本,强调依赖流程来管理人,希望通过流程管理来提升效率。

其次,许多企业已经开始了数字化转型,但因为流程管理转型尚未完成,流程管理的刚性与数字化转型所需要的多样性和灵活性之间每每发生冲突,35 岁的工程师被裁汰的现象就是例证——"不晋则退"(Up or Out,也就是如果没有升迁就被淘汰)这种工业经济时代的阶梯竞争机制,需要在数字化转型中改变。

最后,中国人的代际转型会越来越快,代际之间的差异也越来越大,尤其是当95后和00后一代进入职场之后,这些年轻人会带来一系列的冲击。这种冲击将会带来价值观的重构,对工作保障、工作与生活的关系等重要问题都会进行重新定义。

大转型时代,给个人、企业和社会都带来了巨大的挑战,同时也提供了更多快速发展的机遇。身处其中,我们有一些重要的思考点。

首先,我们未来面临的挑战将日益复杂,且面临重要的未知问题。和之前"追赶型发展"不同的是,面临复杂未知的问题,我们没有前人/他者的案例可以借鉴,外部环境也无法给我们的行为提供快速准确的反馈,我们需要学会拥抱风险,不能只依赖强大的执行力来推动发展。这些都需要我们有全新的思考,而这种思考的出发点是：过去的经验可能会快速贬值——就好像我们积累的知识折旧的速度会越来越快一样。面对未来，快速学习、快速选择、快速迭代，变得特别重要。

其次，我们需要对效率做出全新的思考。在追赶型发展的时代，强大的执行力所带来的高速发展有一个重要的前提，那就是我们对未来有着明确的目标，对发展的方向也有着明确的预期。大转型期，首先被颠覆的恰恰是长期积累起来的对高效率，以及高效率所带来的高速度的固定认知。我们需要慢下来，这种慢，不是经济增速放缓的慢——虽然经济增速放缓，在中国经济体量变得越来越大也越来越复杂的时候，是必然的——而是一种自己放慢节奏的主动行为。机器的算力可以按照摩尔定律不断增强，人如果在算力上去与机器比拼，早就被甩在后面了。人相对于机器的优势是触类旁通，是见微知著，是从纷繁复杂貌似没有关联的现象中看到本质的关联，并在新的关联中找出创新点。这需要我们去有意识地停下脚步思考，不再被外部速度所驱使，在偶然和跨界中、在思想的碰撞中擦出火花来。这正是人与机器最大的区别。

再次，数字世界也给我们带来了不少的烦扰。其中一个最重要的挑战就是我们的时间变得日益碎片化，注意力越来越难以集中。我们曾经以为，如果把时间切成越来越细小的时间段，我们可能会完成更多的工作。认知科学告诉我们，人的价值在于利用大块的时间去专注地做事情，去分析和思考。以小时为计算单位的大块时间非常重要，在没有被打扰的情况下专注地做事情和思考非常重要。

这时候，我们就需要思考：在数字经济时代，到底有哪些前数字经济时代的工作和生活方式应该被保留。这种生活方式可以特指智能手机出现之前的生活方式。比如用纸和笔做记录的方式，又比如花更多时间进行人与人之间面对面的沟通方式。千万不要小看这种坚持，它能让我们更深入地去理解人与机器的区别。

最后，科技带来的快速迭代，也让我们进入一个"终身学习"的时代。一方面，终身学习对工业时代所形成的标准化的学习方式提出了巨大的挑战。针对下一代的学习，我们希望他们能够掌握更多新技术，同时我们也希望在科技的赋能之下，让孩子们能从标准化学习"应试教育"的重压中解脱出来，真正做到定制化教育，按照每个孩子的特点和差异确定学习的节奏和方向。另一方面，终身学习也需要我们去持续思考学习和练习什么。对知识点本身的掌握、对零散新知的记忆，机器比人强很多。人与机器最大的区别是，人拥有学习、思考和跨界的能力，人能够构建面向未来的知识体系，而构建这样知识体系就仿佛织网一样，每个人的网都可能不同，但是一旦有了比较成型的网状结构之后，我们对于新知会有更敏锐的判断——这些新知应该被放置在网络的什么节点，又可能由什么新的关联催生出新的想法、新的机会。这样，我们不仅有更强的学习能力，也能不断培养创新力和想象力。

目 录

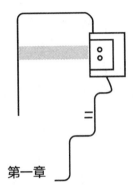

第一章

经济转型

吴晨精进·木木画书

Today the most valuable assets are more likely to be stored in the cloud than in a warehouse.

—— Inga Beale

无形资产到底有多重要

2020 年 10 大预测

2020 年将开启 21 世纪 20 年代,这是全球经济从工业经济向数字经济大转型,中国从赶超型经济体向创新型经济体大转型的关键 10 年。这样的转型将对个人、企业、社会和全球化的未来产生什么样的影响? 面对大转型,我们需要怎样的前瞻? 回答这两个问题,可能会引发不小的焦虑。

这时候我们需要重温管理学大师查尔斯·汉迪(Charles Handy)对幸福的定义:"幸福就是有事情可以去做,有人可以去爱,有未来可以期许。(Happiness is having something to work on, someone to love and something to hope for.)"未来或许是复杂且未知的,但人的应对之道却可能非常简单而直白。

预测一：未来需要板凳人才

进入 21 世纪 20 年代，每个人都要为加速到来的科技变革和持续推进的全球化所推动的大转型做好准备。这种从工业经济迈向数字经济的大转型会极大地增加每个人的焦虑和不安全感：一方面，大数据和人工智能这样的新科技，的确让越来越多的知识工作岗位被机器所取代；另一方面，职场的竞争和分化也将因此加剧，会有更多人因为知识和技能更新得不够快，或者企业本身竞争失利而被淘汰。按照一位劳动力专家的预测，当 05 后和 10 后进入职场之后，他们在职业生涯中换 10 份以上的工作将变得司空见惯。

快速变化的未来需要更多板凳人才。对 T 型人才和斜杠青年这两个概念，我们并不陌生：T 型青年强调在拥有一定视野的同时，拥有比较深的专业知识；斜杠青年则强调，在本职工作之外，还要在自己的兴趣爱好领域有所建树。板凳人才可以说是这两个概念的进一步发展。

板凳至少要有三条腿（中式的条凳是四条腿）。板凳人才的其中一个寓意是，建立自己的"工作组合"，而这样的组合至少要涵盖"职业""兴趣""家庭"三个方面，有可能的话，还需要加上"社群"。在一个科技迭代带来巨大挑战，无论是企业的未来还是工作的未来都充满巨大未知性的时代，拥有这样一套"工作组合"，一方面可以在职业被取代的时候给予自身一定的安全感——家庭和社群能够给予人重要的安全感，另一方面也更容易把工作的主动权抓在自己手中——无论是兴趣还是社群的工作都可能蕴含潜在的新机会。

当然，要抓住这样的新机会，板凳的跨度就变得特别重要。未来 10 年，每个人所拥有的知识的跨度，比他所拥有的单一领域的深度更重要。跨度，就是能够把不同工作组合、集合起来的能力。它可以保证，即使某项工作被取代，拥有较广跨度的人仍然可以跨越到其他的领域；它也是未来创新的主要推手——无论是在不同领域中找出类似的模式，还是把某一领域中已经成熟的产品和解决方案在全新领域中进行推广尝试，都是机器所不具备的技能，却是有跨度的板凳人才的特长。

板凳人才的另一个寓意是，在职业生涯之外，至少再编织一个真实的人际网络（以区别于虚拟的社交网络），而且如果有机会的话，深入多个人际网络之中，因为这样的人际网络可以带来许多不能用金钱来衡量的工作机会和成就感，也会在发生职业危机的时候给人以更多帮助。

预测二：999 美元一年的私密互联网服务被追捧

2019 年是对数据隐私探讨最多的一年，显然，美国和欧洲国家针对数据隐私已经形成了不同的解读。

正如哈佛大学教授肖沙娜·祖波夫（Shoshana Zuboff）在《监控资本主义时代》（*The Age of Surveillance Capitalism*）一书中担心的那样：美国把互联网隐私监管责任推给 Facebook（脸书）这样的大型平台，强调平台的责任，但是平台却扮演了全知全能的角色，肆无忌惮地利用用户隐私牟利。

欧洲国家很难在数字创新方面跟上节奏，转而强调"以人为本"——与美国相比，欧洲国家在隐私领域要保守得多，这一点在2017 年通过的数字安全和隐私保护法案《通用数据保护条例》（General Data Protection Regulation，简称 GDPR）上就明确体现了出来。一些欧洲专家提出数字人文主义（Digital Humanism）的概念，是希望在美国之外走出隐私保护的另一条道路，明确提出要保护一个人的数字身份（Digital Identity），也就是身体在虚拟世界留下的一连串"数字尾气"。

就好像一个国家不可能在控制汇率和利率的情况下还保证资本跨境流动一样，网络也不可能在保持快速和开放的同时仍然确保安全。在快速、开放和安全这三点中，必须要牺牲一点。随着隐私保护意识的增强，2020 年会出现强调安全而牺牲开放的全新互联网接入模式。这种模式就是按每年 999 美元的价格提供私密互联网服务，让用户的数字身份不被平台获取和追踪，确保他们的"数字尾气"不被任何人捕捉到。

预测三："50 over 50"①智慧榜发布，不能只关注创新创业，还需要重视启蒙和传承

2019 年的榜单很多，最火的莫过于福布斯"30 under 30"（30 岁以下 30 人）榜单。这个榜单的上榜者几乎有上千人，按照六度空间理论②，几乎每个人的朋友圈里都有人获奖。近些年来无论是"30 under 30"还是"40 under 40"榜单，都在吹捧一种创新和创业的生活方式，并为那些在年轻阶段就创业赚到第一桶金的人鼓吹呐喊。

不过老龄化才是全世界面临的新问题。2020 年，第一次出现全世界 70 亿人口中，30 岁之上的人比 30 岁之下的人更多的情况。随着老年人在人口中占比的提升、老年人健康状况的持续改善，以及退休年龄的不断推后，老年人在经济发展中扮演的角色，会从简单的退休者、被供养者的角色，部分转变成经济动力的角色。老年人对消费的贡献已经越来越大，这种现象被称为"银发经济"。"50 over 50"榜单就希望去推崇中老年人的另一项重要特质——他们作为智者能够在启蒙和传承上扮演重要角色。

"50 over 50"不是一个表彰创业的榜单，虽然中老年创业者也有

---

① 50 岁以上 50 人。

② 六度空间理论是一个数学领域的猜想，该理论指出：你和任何一个陌生人之间所间隔的人数不会超过 6 个，也就是说，最多通过 5 个中间人你就能够认识任何一个陌生人。

可能大获成功，柳传志和任正非在创业的时候都已过而立之年。这一榜单希望强调的是，如何发挥经验和智慧的价值。年轻人和中老年人有着两种不同的智慧。人的脑力和体力都在人年轻时达到峰值，年轻人拥有更多创新与突破的能力，这一点毋庸置疑。但是老年人有经验，这种经验不是简单地自夸"我吃过的盐比你吃过的饭还多"，而是在一个快速变化的社会，老年人更能理解如何"新瓶装旧酒"，把经验运用到全新的跨界的领域中去，同时也更适于为复杂的问题提供解读。

所以"50 over 50"的榜单，不是财富的榜单，也不是创业的榜单，而是智慧的榜单，是智者的竞赛，以表彰那些年轻人的导师在传承经验与文化，以及更广泛的启蒙方面做出的杰出贡献。

预测四：大型企业开始设置 CPO[①]

2019 年 8 月商业圆桌会议（Business Roundtable）提出，股东利益最大化不再是企业发展的唯一目标，这一观点引发了巨大的讨论。"企业为何"，我相信这会是 2020 年最重要的讨论之一。如何使企业在赢利之外设立更高的目标，并且贯彻这一目标，会是很多大企业专注的课题。这样的课题绝不是简单地增加几句企业应该如何服务社会的使命宣言就可以了。需要在企业的管理层里增加

———————

① Chief Purpose Officer，首席理想官。

一个新职位 CPO。

百年老店贝尔斯登公司有一句特别自信的使命宣言："我们除了挣钱之外不干别的。（We make nothing but money.）"可以说，这种文化种下了它在 2008 年全球金融危机中垮台的种子。

超越赢利目标，为企业寻找发展的目标——CPO 的职责到底是什么？

首先，CPO 需要帮助企业在管理金融资本之外，考虑自然资本、人力资本和社会资本等其他重要的因素。

关注自然资本是因为我们面临严峻的生态挑战，无论是全球变暖还是环境污染，都需要企业承担起责任来，这也是可持续发展最重要也最具挑战的议题。对人力资本的关注意味着：在大量旧有工作岗位被机器所取代的未来，企业应该怎么做才能帮助大多数人适应这种变化；在更多人都期望拥有一定程度的工作安全感的时候，企业怎么做才能帮助人们塑造这种安全感。关注社会资本则是对社会贫富差距不断拉大的现实有着清醒的认知，在资方和劳方这两个企业最重要的利益相关者之间找到新的平衡。

其次，CPO 应该将企业的赢利目标与社会目标更好地结合起来，让企业能够在做生意的同时，达成自己赢利目标之外的其他目标，让企业的生意本身具备保护自然资本、培养人力资本或者维护社会资本的作用。

CPO，就是要更好地思考，企业如何去管理金融资本之外的其他资本，改变企业一手挣钱一手慈善的传统做法，为解决各种新问题贡献企业的力量。

预测五：全新的"工学坊"

约翰·杜威（John Dewey）说："如果我们用过去的方法教育现在的孩子，就是在剥夺他们的未来。"正如这句话所说，大转型时代将不再沿用工业时代形成的标准化教育体系，转而推动定制化和因材施教的教育创新，同时不再强调分数竞赛，强化团队竞争。未来，全新的"工学坊"将会是一种不错的教育方式。

关于既有教育方式，已经有太多的"吐槽"。换一个视角去看，教育正面临几方面的挑战。

首先，需要承认每个人都有所不同，并非每个人都能够在学业上有所成就。亚里士多德就把人的聪慧分为三种：学业上的智慧、技能上的心灵手巧和现实生活中待人接物的练达。每个人的聪慧其实都是这三种智慧的综合，有些多点，有些少点。

其次，人工智能的大发展也让我们的教育方式可以从标准化的应试教育转为多元的定制化教育，按照每个人自身的禀赋制定合适的学习进度。

最后，我们需要将强调个人主义的、比拼个人实力的分数竞赛模式，逐渐转变为强调协作、比拼团队解决问题能力的模式。未来的复杂未知问题需要依靠团队来解决。把 10 个尖子生聚在一起，往往不比一个互补的多元团队更能解决问题。

这三点要求，在未来"人＋机器"的时代，会变得更紧迫。机器可以替代的是知识的积累，机器不能替代的是人之所以为人的能力，这些能力包括团队协作、沟通、说服、创新等。

学生有很多东西需要去学习，但有的东西却很难学会，需要他们自己去参悟。在爱尔兰，学生 16 岁左右的时候就会有一段时间参加"工学"，边工作边学习。工学的着眼点就是让孩子在工作中学习和练习一些很不同的能力，比如说不迟到，比如说如何去协作，比如说如何为自己的决策承担责任，这些恰恰都是传统教育中所欠缺的。

全新的"工学坊"还会让学生在学习过程中参与到社区和商业里去，让学生组成小组，解决现实世界中的复杂问题，并在这种训练过程中掌握处理未来未知世界全新问题的抓手。

中国转型需要培养什么样的下一代？当中国经济的发展模式从追赶型转变成创新型时，我们需要的恰恰是能够独立思考，能够在复杂未知环境中做出独立判断的创新型人才。未来"工学坊"会专注于三方面：面向未来快速变化、复杂未知的环境，帮助孩子构建应对未来变化的思维框架；在求真与务实两方面，帮助孩子学会真切表达并承担责任；面对没有正确答案的问题，帮助他们拓展思维，运用思辨力，找到创新的解决方案。

预测六：全球化的新趋势——社群主义的兴起

全球化的退潮和民粹主义的兴起都迫使知识阶层不断去找寻答案。

作为抵抗民粹主义和极端化的解药，印度前央行行长、芝加哥大学经济学教授拉古拉姆·拉詹（Raghuram Rajan）提出，社区和社群应该是政府和市场之外的第三支柱。他认为具有包容性的本土主义，也就是社群主义的兴起，是抗衡科技颠覆性力量的重要基石。

全球化给制造业带来的冲击，在《简斯维尔：一个美国故事》一书中有详细记述。其中最大的冲击是，曾经活力十足的社区的消亡。社区和社群让一群人有特定的归属感。因为在真实的世界中，人不仅归属于特定人群，也归属于特定的地方，而这恰恰是全球化最容易忽略的地方。

之所以社群主义会兴起，有以下四方面原因：

第一，真实的社区和社群是对虚拟社交网络的有效补充，也是对人被全球化和虚拟世界变得原子化、对人被异化的有效对抗，还为板凳人才提供了可以扎根的真实的社交网络。

第二，回归社区是未来工作的要求。未来的工作一定存在双重筛选：一方面，未来可能留存的工作包括需要同理心的工作、需要引领团体讨论决策或理解决策的工作、需要说服和培训的工作（包括教育）；另一方面，在全球服务业的工资竞争之下，幸存下来的工作一定是本地的、需要面对面的工作。

第三，社区和社群为普通人提供安全感，它是对全球化的补救。跨国公司所推动的全球化，其最大的盲点是与本地的脱钩。之前的企业都是本地的企业，与本地有人、社区和税收等多方面的联系。现在全球化的企业可以在全世界最有竞争性的地方投资，不再需要依赖本地。全球化的企业因此会觉得自己不再需要承担对本地的义务了。

第四，小众定制，去规模化，这些新趋势也让社区有蓬勃发展的空间。未来的工作很可能是强调匠心的工作，就好像本地小型啤酒厂酿出的啤酒日益受到人们的追捧。小作坊的东西，反效率原则的小众产品，反而会更受社区和社群欢迎。

预测七：设计思维的重要性

最近一年，我一直在提倡，需要保留一些前数字经济时代的工作和生活方式。比如说要给自己留下大块的时间，而不是随着时间的碎片化，让自己的注意力也碎片化；比如说强调纸和笔的功效，因为用纸和笔来记录思想，一方面能使记录的时候不会被智能手机或电脑上的其他应用干扰，另一方面也能尽量保证有大块时间可供思考和组织语言。而对前数字经济时代的工作和生活方式进行梳理，本质上也是在思考人与机器的不同点。在未来的数字世界，这种对人与机器的不同点的强调，就是对"以人为本"的重视。把客户的体验放在中心地位，就是"设计思维"（Design Thinking）。而未来设计思维将会变得更重要，也能带来巨大的改变。

实践设计思维，可以从五个方向出发：

第一，注重客户的体验。如果忽略了用户的体验，公司就很容易忘记自己的产品到底为解决什么问题而存在。当产业面临巨大变革时，用户的需求就变得更为重要。以汽车行业为例，未来人们是要买车还是共享车？他们希望自己开还是自动驾驶？回答清楚这个问题对行业的发展至关重要。

第二，数字经济时代，不断堆砌新功能很容易，但是能站在客户的视角，帮助客户做减法，节约客户的时间却很难。

第三，在"人＋机器"的未来，人机互动的界面变得日益重要。苹果的成功、智能音箱的成功、人工智能小助理的成功，都是因为其界面友好易操作。在未来的人机互动中，贯彻设计思维将变得更加重要。

第四，自动化进程中，我们最容易犯的错是，只衡量那些可以被衡量的东西（F1赛车和帆船就是两个生动的例子）。在数字经济时代，如果还是犯类似的错误，错误所带来的危害就更大。只去做大数据分析，很可能会被数据中隐含的偏见所误导，也很容易忽略其他不可衡量的数据的视角。如何衡量用户的体验？如何引入不同的视角？为了解决这些问题，都需要引入设计思维。未来解决问题，不仅需要大数据，还需要借鉴厚数据（Thick Data），也就是时不时找人（用户）聊聊。

第五，关于效率和体验的关系，我们不能过度强调效率。比如用提升火车速度的 5% 的费用就能提升乘火车的体验和火车站换乘的体验，这种做法就是在使用设计思维。

预测八：做四休三成为新常态

在"996"的时代，做四休三会不会成为潮流？一定会。如果鼓励"工作组合"，做四休三不只会成为潮流，还会成为新常态，因为只有这样，人们才可能有更多时间和机会去发展板凳跨度，或者延伸触角。

未来做四休三并不是现实意义上每个人每周都只工作四天，而是在移动互联时代，每个人都可以更灵活地安排工作，也可以将更多时间投入兴趣、家庭和社区中。但要真正做到做四休三，还有很长的路要走，需要个人和企业都做出大的改变。

对于个人而言，好的时间管理变得特别重要，在一个时间和注意力变得日益碎片化的时代，每个人都需要找出大块的时间并将之用来处理重要的问题。在每个人都可以随时随地工作的时候，更好地去安排工作、提升效率也是每个人必修的功课。

企业需要推行全新的绩效考核机制，注重完成工作的质量，而不是纠结于员工上下班打卡的时间，这也需要企业形成完全不同的管理机制和团队协作机制。

在中国语境中，我们需要重新审视加班文化。就个人而言，我们需要意识到，不断填满工作的时间，给自己找事做，让自己变得超级忙，并不是最有效的工作方式。就企业而言，提升工作的效果，需要帮助员工更好地完成工作，强调只要任务完成了，适当休息或者花更多时间陪家人、培养自己的爱好，都是应该鼓励的。其实，当人的工作多元了，创新的机会反而会更多。

预测九：牢记九住心图，驾驭"人＋机器"的未来

在藏传佛教的寺院里，我们常能看到九住心图。这幅图描绘了僧人修炼自己内心的过程。画面的最下方描绘了修行旅程的开始，黑色的猴子走在最前面，后面跟着黑色的大象，僧人则落在最后。而在画面的最上方，即修行结束的时候，僧人已经骑上了白色的大象，而黑色的猴子则不见了踪影。

黑色的猴子代表杂念，黑色的大象则是心，修行的僧人一开始只能追在大象和猴子身后，可见他并不能控制自己的心，而是被各种杂念所驱使。修行的僧人都是如此，普通人就更不必说了。所以修行的第一要义就是修心，而修心就要降伏大象、驱走猴子。收服自己的心，是人生修炼的第一步，也与我在《聚变：商业和科技的前沿思考》一书中提出的从 FOMO（Fear of Missing Out）到 JOMO（Joy of Missing Out）的巨大转变不谋而合。心定，自然不再患得患失；心定，才会真正珍惜当下，才会珍惜自己选择的重要性。

行为心理学强调人的思考分为快思和慢想，快思也就是直觉，

而慢想指的是深入思考、逻辑思考。计算机模拟的是我们逻辑思考的能力，因为算力惊人，计算机的逻辑思维能力远远胜过人类。人类的优势其实在于直觉，而大象就很像我们经过百万年进化而来的直觉，人工智能就是通过机器学习神经网络等新技术去模拟我们大脑中的直觉。当机器从简单的算力进入人类直觉的领域，人工智能就可能培养出更像人的直觉的能力。现在人工智能只能解决比较窄的单一的问题，未来随着人工智能的发展，尤其是当它可以自我学习之后，它就有可能解决更宽泛的问题。届时，如何降服人工智能塑造出的"大象"，就和我们降服自己的心一样，变得同样重要。

数字经济时代，我们也同样面临烦人的"猴子"，不过这时的杂念已经变成了碎片化思维和众多干扰项。所以按照一位思想家的提法，"人与机器"之间就像是大象身上的骑士（人）和大象（人工智能）的关系。人在进化的过程中，可以把身体的一部分功能外包给外部的工具，智能手机已经成为许多人肢体的延伸就是一例。不难想象，未来"人与机器"的协作会是人将思考的一部分职能外包出去的又一次全新尝试，只不过这次人对机器的驾驭，更像是在收复自己的心。

预测十：中美关系 3.0，脱钩 10 年

2008 年金融危机之后，有人把中美关系形容为"中美国"（Chimerica），以凸显中美经贸往来深入整合的现状。如果以 2008

年和 2018 年作为两个分水岭，我们可以把中美关系的发展分为三个阶段：中美国 1.0 的特点是，中美两国相互吸引，就好像一对正在热恋的恋人；中美国 2.0 的特点是，中美两国相互模仿，也经常吵架，就好像结了婚的夫妻一样；而中美国 3.0 的主题则是脱钩，用更通俗的比喻就是，两口子要离婚了。时代在变，离婚也是常事，脱钩因此并不那么可怕，关键是这个婚怎么离。一些情况下，离了婚的前夫妻彼此之间还能成为朋友；但在另一些情况下，离了婚的人反目成仇或者老死不相往来也很平常。脱钩的演绎因此非常重要，恰如 2018 年我的预测一样，未来中美保持亦敌亦友关系的可能性最大。

美国是中国最大的市场，改革开放 40 多年来，中美之间的经贸、人文、技术往来是空前的。中国超越日本成为世界第二大经济体之后，有关中美两国是否互为对手的讨论就变得越来越多。按照《注定一战：中美能避免修昔底德陷阱吗？》一书的分析，过去 500 年16 次新崛起的强权与既有的强权之间的争夺中，12 次都以战争为结果。但是按照冷战专家的分析，中美关系与美苏对抗完全不同。在美苏经贸往来最高的年份，美苏之间的贸易额也只有 10 亿美元，还不及中美之间一天的贸易额；在美国读书的中国留学生超过 40万人，当年苏联在美国的平民不超过 100 人。

如果放宽眼界，我们不难发现，中美之间经贸冲突的大背景是全球治理体系发展的滞后。历史上的全球化都曾经因面临挑战而停滞甚至倒退，究其原因，恰恰是全球治理体系无法跟上国际经济与政治不断发生变化的现实。

　　二战之后的国际经济秩序依赖美国主导的国际金融体系及其背后的军事实力。随着中国经济的崛起带来新局面,全世界(包括美国)都需要思考如何从一个单极的世界向多极的世界转型,这就需要建立有关全球贸易和投资的新的规则和新的治理体系。未来全球经济、产业链、信息技术、大数据等诸多方面的融合会加剧,这也需要中国更多地参与面向未来的标准、制度和规则的制定。和而不同,建立一套各方都认同的基本原则,同时尊重不同的发展模式,最有可能建立亦敌亦友的大国关系。

影响未来 10 年的 5 大趋势

2019 年很多人都对未来经济充满的不确定性抱有担忧。的确，无论是全球化的格局还是经济发展的驱动力，都在发生巨大的变化。相对不变的是技术飞速发展带来的改变。当然，这样的改变一方面给了我们创新的遐思，另一方面也会带来担心被落下的恐惧。

在碎片化资讯的喧嚣洪流之中，我们很容易纠结于当下，很容易身陷数据之林，很容易被情绪所感染。这时候，更需要放慢脚步，抬头仰望，梳理一下未来的大趋势，并为适应这些趋势而未雨绸缪。我梳理了影响未来 10 年的 5 大趋势，希望能为焦躁急切的当下带来稍许缓和的解药，为思考未来提供一些新思路。

第一大趋势：平台的崛起

步入数字经济时代，最重要的变化是平台的崛起。自 2013 年以来，美国的獠牙帮①加上微软，约贡献了标普 500 指数企业总市值增长金额的 37％。同期，中国企业市值的上涨金额约有 28％来自两家公司：阿里巴巴和腾讯。虽然 2018 年下半年高科技平台企业股价有所回调，但是它们多年来的表现仍然体现了数字经济时代最主要的特征——平台崛起。

网络效应推动大的平台型的高科技企业飞速发展。网络效应可以被理解为一种规模效益递增的表现形式，简单解释就是当一个产品和一项服务用的人越多，下一个使用者使用它就会变得更方便、更便捷，也可能更便宜。比如使用微信的人越多，下一个使用微信的人就会更方便，因为他能跟更多的人联系，而且微信生态圈里的应用场景也更丰富。

平台经济有以下四个特点：

第一，它们最大的特点是撮合交易更快速、更有效地实现。平台掌握最多的资源是大数据，以及基于大数据的人工智能分析。以最常见的连接消费者和服务提供商的双边平台为例（比如说淘宝或者滴滴），平台不断搜集消费者的喜好和行为信息，对消费者的需求

① 指 Alphabet（谷歌母公司）、亚马逊、苹果、Facebook、网飞。

有了越来越深入的理解，这可以帮助平台更快、更便宜、更有效地匹配B端的产品与服务。而人工智能的应用就是让这种对消费者未来需求的预测变得更便宜。

第二，平台控制了消费者的界面和用户体验，也因此决定了用户将获取什么样的信息，流程和交易如何执行。这就意味着，平台另一端的服务和产品提供商与平台的议价能力越来越弱，对在平台上提供服务的服务商而言，最大的风险是他们的品牌不再有必要，换言之，他们在平台上的服务变成了可以互换的大宗商品。

第三，平台是史上进行产品与客户匹配最高效的组织形式，它雇用最少的人，最灵活。比如现在巨头科技公司雇用的人比100年前的巨头要少得多。

第四，平台有着天生的垄断性。大数据作为对价成为获得平台服务的货币，平台掌握着海量的数据——个人行为数据、社交图谱、定价信息、购买习惯等，但是平台也在构建各自的围栏，挖掘数字鸿沟，圈起自己的大数据。数字经济时代，因为网络效应，因为数字鸿沟，它们天然会朝着垄断的方向发展（而不是像100年前的巨头那样通过不断兼并来成为行业的垄断巨头）。

平台的崛起是数字经济时代最重要的特征之一。它给普通消费者带来了巨大的实惠，却也带来了对隐私的担忧，因为平台搜集的海量用户行为信息构成了它们最重要的资产，也让它们变得赢家通吃。

此外,平台经济也有它的局限。有两个问题值得思考。第一,通过匹配把既有的工作更高效地完成,但是这是否意味着能真正解决问题?第二,平台可能更快、更便宜,但是是不是能让整个社会变得更有效率?

第二大趋势:"人＋机器"是未来

人工智能持续火热,一些人担心人工智能很快就会取代人类,另一些人担心人工智能会给职场带来翻天地覆的变化。但如果近距离观察人工智能的话,你会发现现有的人工智能与人其实是高度互补的。在拥有大量数据而我们也非常清楚判断规则的领域,无论是图像识别还是语音识别,人工智能都飞速发展,超越人类。但是在复杂多变的现实生活中,人的判断力仍然无法被取代。因此,未来10年对每个人而言都十分重要的一大趋势就是,我们都要去适应"人＋机器"的未来。

"人＋机器"强调的是人与机器的协作,这将是未来职场的一种常态。很多工作由机器来做,但是还有很多工作需要人来做,人需要在很多决策中扮演最后的裁判员的角色。所谓"Human in the loop"(人在回路),就是说人仍然需要在决策环之中。

如果梳理一下过去100年的科技转型,人工智能应该是第三波。第一波是100多年前从福特公司开始的标准化流程的转型;第二波是20世纪70年代开始的数字化转型,也就是利用IT技术所进行的自动化转型；而现在这一阶段是人工智能推动的人机协作的适应性转型阶段。标准化转型让大规模廉价生产成为可能，自动化转型通过流程优化和流程再造，让机器能够取代许多人的岗位，提升效率。适应性转型又有所不同，"人＋机器"可以有很强的适应性，又可以根据实时的数据做出应对，甚至可以推出小批量定制化的服务。人机协作在很多场景中会比人或者机器单独完成工作更高效。

人机协作还会带来一些有趣的变化。

人和机器会相互学习：机器可以观察人的一些动作，提升自己的能力；人需要学习并适应与机器一起工作，同时人机协作也能增强人的能力，机器将成为人体的延伸，就好像智能手机变成了人大脑的延伸，又好像医生使用手术机器人一样能得心应手。人机协作，其实是解放人，让人在工作过程中能够从事更多人擅长的工作和人与人沟通交流的工作。

在一个"人＋机器"的未来，我们需要做的是充分调动人的自发性和创造力，同时保持人的灵活度。最需要重新思考的问题是，"人＋机器"对于今天的孩子来说意味着什么？

教育该如何变？培训该如何变？未来需要什么样的人才？

《生命3.0：人工智能时代生而为人的意义》一书中给出了部分答案：今天的孩子需要培养三方面技能——与人沟通互动的技能和社交的能力；保持创造力，能够找到有效解决方案的能力；应对环境中不确定性的技能。

未来终身学习将变得更加重要,虽然人工智能不只会消灭旧工作岗位,同时也会创造出新工作岗位,但是未来新工作被改变、替代、重塑的速度和频次也会更高,所以每个人都需要做好在未来重新选择工作的准备,提升重新塑造自己的技能,而这种重塑将不止一次。终身学习不仅需要保持好奇心、乐观的态度,还需要不断接受和挑战新知的毅力,人这种不断学习、思考的能力或许就是未来人与机器最大的区别。

第三大趋势:无形资产更重要

无形资产,很多人都听说过。什么是无形资产呢?可以这样下个定义,它包括软件、数据库、研发专利、原创内容、设计、培训、品牌、商业流程、管理方法等,也包括国家和企业的治理体制、管理方式和制度设计等。星巴克卖咖啡的流程,沃尔玛整合物流的能力,企业拥有的客户资源,都是无形资产。

无形资产也并非仅仅是最近迈入了数字经济时代之后才有的新物种,有了人类就有了无形资产,无论是口口相传的寓言还是各国形成的独特的文化,都是无形资产。

我们已经到了一个无形资产比有形资产——也就是土地、厂房、生产线、楼宇、设备等——更重要的时代。以美国为例,美国的无形资产投资从 1948 年的 4% 上升到 2007 年的 14%,而固定资产投资则基本保持在 11%。现在全球 500 强企业,80% 的资产是无形资产，20%的资产是有形资产，而在50年前，比例则完全调转，80%的资产是有形资产，只有20%是无形资产。移动互联网经济在中国的快速发展也给了我们一个非常好的机会去了解这种变化。

为什么无形资产更重要？因为无形资产是推动未来经济发展最重要的推手。2018年诺贝尔经济学奖得主之一保罗·罗默（Paul Romer）就提出，人力资源和新思想是未来推动经济发展的主要动力。罗默有这样一句名言："机会并不是加总而得，而是被乘数效应推动。（Possibilities do not add up，they multiply.）"这句话很好地诠释了这种推动力。著名商业科普作家、《自下而上：万物进化简史》的作者马特·里德利（Matt Ridley）也有一句名言道："创新与发明，产生于思想的杂交。"

新思想的碰撞，好的创意的相互交融，将是未来创新与创业最重要的推动力。

要想更好地发挥无形资产的作用，也需要转变思维，构建一系列支持无形资产发展的基础设施。其中最重要的无形资产是制度与管理。前者包括法律法规，保证市场公平的游戏规则，让经济平稳运行的流程、共识和各种社会组织机构。后者涵盖的面也很广，包括积累下来的知识、管理的思维与经验、推动经济发展的认知等。

这些新的基础设施也一定会带来工作方式的转变。历史的经验表明，关键科技带来的变革需要时间去消化、去推广，改变社会习惯、改变管理方式、改变认知都需要时间。值得思考的是，在向以无形资产为核心的经济形式的转型中，如何推进制度的建设和管理的创新。

第四大趋势：体验经济的兴起

2018 年年末有一则新闻刷屏,说奢侈品公司 LVMH 集团决定收购东方快车公司。连接巴黎和伊斯坦布尔的东方快车代表的是一种 19 世纪的奢华,东方快车公司还拥有不少特别的酒店,能够给予客户完全不同的体验。

LVMH 集团收购东方快车公司体现的是体验经济的逻辑。对于奢侈品公司而言,奢华体验已经成为下一个主战场。根据专家预测,奢华的体验经济销售额将从 2016 年的 5.8 万亿美元增长到 2030 年的 8 万亿美元。

奢华的体验经济有一种怀旧和消费历史的味道:怀旧是怀念 100 年前镀金时代的贵族的生活体验;消费历史就是消费当年名人的生活,比如说在法国最后一位王后——路易十六的王后年轻时住过的套间住一晚。

为什么体验经济会流行? 一方面是因为心理作用。人类记忆并不是客观的,而是非常主观的,所以人会记得一些重要的片段,而忽略其他的一些片段。另一方面,则是因为社交媒体的流行,年轻人更愿意把自己经历的美好瞬间在社交媒体上分享、炫耀。

当然,也不仅仅是体验奢华,体验经济背后还有更根本的推动力,那就是共享经济的流行。共享经济的兴起,其本质是越来越多的人从拥有或占有商品,向使用和利用服务转变。欧洲的年轻人现在越来越不愿意买车，因为对他们而言，如果出行问题可以被很好地解决，在拥堵的大城市购置车辆既不经济，也不环保。中国车市从 2018 年 9 月开始冷却，是不是也跟年轻人的心态发生了巨大变化有关？这值得仔细观察。

售卖服务的产业同样面临一种深远的转化。长久以来，律师的服务按时计费，医生的诊疗按流程计费，这些都面临巨变，因为客户更喜欢按结果收费。在美国，已经有一些医院和一些保险商开始尝试为结果付费的模式。比如对髋关节手术这种老年人常见的标准手术，医院和保险商都愿意采用固定收费。这一方面会鼓励医院在这一领域挖掘专长；另一方面，也会减少整体医疗成本，杜绝医院和医生因为按流程、药物收费的扭曲激励政策而过度诊疗。

数字经济也把体验经济推上了新的高度。数字经济的最大魅力，就在于利用大数据和人工智能对付费用户进行洞察，从而推动各行各业敢于突破常规，围绕大数据和人工智能重新塑造商业逻辑。而这种商业逻辑最根本的变化，就是从以售卖产品和服务为中心向以客户需求为中心的转变。体验很重要，结果很重要，针对客户个人提供定制化产品和服务是每个行业都热切期望的。

从产品向服务的转型需要有新思维。在这种转变过程中，企业需要回答几个关键的问题：如何与用户建立长期的关系？如何不断地经营这种关系？如何不断帮助用户解决问题，为用户提供价值？

第五大趋势：复杂学是研究未来的抓手

2018 年是 2008 年金融危机 10 周年，各种分析和反省都指向一个问题：为什么当年没有多少经济学家能够预测危机的发生？

回答这一问题之前，先讲一个小故事。当年并非没有人看到全球金融体系中的风险。拉古拉姆·拉詹在 2005 年全球央行行长一年一度的杰克逊霍尔年会上就曾警告说，金融创新已经改变了金融风险，系统虽然可以更广泛地分配风险，但是同时也比以前增加了很多的风险，因为各类资产之间的关联度比以前要高得多。他断言，这样的系统也许能承受小的风险，但是无法抵御大的风险的打击。拉詹的这一论断几乎可以完全套用在导致 2008 年房价泡沫的信用违约互换（CDS）身上。信用违约互换作为资产证券化的创新产品的确可以有效减缓地方性房价调整的小风险，但是却无法抵御全美房地产崩盘的大风险。

美国财政部前部长劳伦斯·萨默斯（Lawrence Summers）当年就主持了有关拉詹观点的讨论。他在拉詹发言之后，一面称赞拉詹的观点有点道理，另一方面却强调系统风险被夸大了。他把全球金融市场比喻成美国的航空市场，金融创新就好像航空市场上建设起的多个干线枢纽与上百条支线网络那样，带来了巨大的方便。而对于金融危机，萨默斯比喻说，就好像美国最大的 10 个航空干线枢纽同时瘫痪，而且其中两个还因为无法解释的撞机而被摧毁。萨默斯的言下之意很明显，就像航空业很难想象会发生如此规模的灾难，金融市场也大可不必为类似的"黑天鹅"而担心。

最终，恰恰是这只"黑天鹅"搅乱了全球的市场。但这则故事也告诉我们，金融市场已经变得日益复杂，简单追求均衡的经济学研究已经很难适应复杂多变的世界。要想真正理解世界，需要新思维，而复杂学则是最重要的抓手。

2018年有两本书对经济学的研究做了深入的反思。

第一本书是《理论的终结：金融危机、经济学的失败与人际互动的胜利》。作者理查德·布克斯塔伯（Richard Bookstaber）认为，数学的经济模型是没有办法推演出复杂的金融世界的运行规则的，因为经济活动是复杂的，而传统经济学中对理性人的推断，完全没有办法涵盖复杂经济活动中千万参与者的各种各样不同的行为。

具体来说，因为经济活动中有大量人的参与，他们的行动很多时候受到他们所在环境的影响，他们会基于对周围环境的观察，以及自己遵循的一套经验法则，做出决策。而且每个人的决策都会相互影响，反过来还会对环境产生影响，变化了的环境又再反过来影响市场里的参与者。整个金融市场里存在着大量这样的观察、判断、决策、反馈的循环，每个参与者都会在这些不断循环的过程之中汲取经验，从而不断修正自己的经验法则。

第二本书是《适应性市场》，作者罗闻全从进化论的视角来观察金融市场在一个更长时间跨度中的发展。进化论强调生物通过竞争、变异、繁殖和适应来"物竞天择，适者生存"。金融市场也类似。

金融市场里充满了竞争，要想在竞争中胜出需要不断地创新，也就是变异。经历市场检验的创新会被大量复制或者快速壮大，也就是繁殖。而最终适应市场环境的投资者能够胜出。

无论是生态圈还是进化论，都利用了复杂学和系统科学的研究方法，未来如果想更深入也更贴切地去研究这个复杂多变世界背后的规律——无论是巨型城市的发展，还是富可敌国的巨头的演化，都需要以此为抓手。

新镀金时代的反思

从 20 世纪 80 年代开始，以美国为代表的西方国家的经济和社会有了巨大的转变，其结果就是"新镀金时代"的到来。这一转变有三大推手。第一是科技快速进步。第二是罗纳德·里根和玛格丽特·撒切尔推崇的"新自由主义"——简单来说就是小政府大市场、低税收、自由贸易、去监管。更早于"新自由主义"而兴起的是"金融资本主义"，后者尤其以米尔顿·弗里德曼（Milton Friedman）所强调的企业逐利性，即企业的唯一目的是"追求股东价值最大化"著称。第三大推手则是全球化。

在这三大推手的作用下，西方国家产生了与二战后 30 年很不同的变化。如果说二战后 30 年创造出了惊人的繁荣，西方世界所有人都感受到了生活水平的大幅提升，20 世纪 80 年代之后却是 100

年前镀金时代的翻版：财富聚集，硅谷的科技新贵取代了 100 年前的钢铁大亨；贫富差距拉大，普通人感觉收入 20 年停滞不前；工作缺乏安全感，一方面人工智能取代人类工作岗位的说法不绝于耳，另一方面零工经济让很多人即使努力也无法过上中产生活。

这些变化的直接结果是反全球化的思潮，尤其以唐纳德·特朗普上台、英国脱欧及西欧民粹主义大行其道为代表。

骇人的贫富差距

美国贫富差距之大达到了骇人惊闻的地步。杰夫·贝索斯的创造力、沃伦·巴菲特的投资眼光和比尔·盖茨的慈善义举备受称赞，但很容易被忽略的是这三位美国巨富的家产，相当于美国下层一半人口的所有财产加在一起那么多。

过去 30 年，全球化与新自由主义所强调的去监管，牺牲的是劳工阶层的利益。富裕国家的劳工被迫与新兴市场的劳工竞争，这种竞争压力必然导致薪资停滞不前、工作机会减少，工会遭受重大打击，劳工在与资本的博弈中节节败退，资本大获全胜。

美国参议员伊丽莎白·沃伦（Elizabeth Warren）经常讲一则有关套装的故事。沃伦母亲 50 岁的时候，为了不失去自己的房子，把家里那套压箱底的只有在婚礼和重要节日时才穿的正式套装拿了出来。沃伦母亲结婚之后就再没上过班，可是那年，沃伦父亲因为生病丢掉了稳定的工作，母亲决定撑起这个家，穿上套装到西尔斯百货公司找了一份只给最低工资的电话员的工作。

沃伦讲述母亲与套装的故事有她的深意。50多年前（沃伦母亲穿上套装去工作的时间）的美国，只要想工作、能工作，拥有一份最低工资就能撑起六口之家的中产生活。而在现在的美国则不能再有这样的幻想了，最低工资只能糊口。沃伦是美国民主党2020年总统候选人提名的热门人选，也是特朗普潜在的重要挑战对手，而她的政纲之一就是全民医保，希望帮底层的美国人减负。

对过去30年美国的这一转变的反思，主要针对伴随着全球化而来的两大管理失误展开。首先是对从工业经济向数字经济转型的去工业化过程的管理存在失误。其次是对科技的快速迭代所带来的问题存在管理上的失误。两者都集中体现在了工作的快速转移，尤其是没受过大学教育的产业工人的工作的快速转移上。

管理去工业化进程首先就需要加快转岗创造新工作机会的步伐，这是政府的责任，却一直没有得到足够重视。

科技带来的变化，无论是20世纪90年代开始的IT与服务外包，还是21世纪第二个10年开启的人工智能大潮，都让更多白领的工作岗位被取代或取消。问题是，虽然科技的进步同时也会创造新工作岗位，但是创造新工作岗位的步伐却没有那么快。

科技创新本身，并不一定能推动经济发展，反而有可能因为巨大的颠覆导致大量工作岗位的消亡，让经济在短期内陷入下降循环而无法解脱。

1929年金融危机就是很好的例子。技术的进步让农业的产出速度提升得非常快,但是简单的供求关系导致农产品价格因为丰收而大幅降低,农民希望通过增产来改变经济状况,农产品价格却进一步暴跌。绝望的农民只能涌向城市,但城市却接纳不了他们。因为金融危机,城市里很多失业的人找不到工作,工资整体降低,对农产品的需求也降低。两者叠加,加深了危机。

直到富兰克林·罗斯福推行进步主义新政,才扭转了局面。罗斯福采用凯恩斯主义的政策,强调政府的责任是推动全面充分就业,并运用财政手段创造了很多新工作。加上二战开启,国家对产业复兴投入巨大,才真正解决了城市就业问题和农村人口进城的城镇化转型问题。

用罗斯福新政的进步主义思考去观察西方的现实,新自由主义、全球化和科技进步在过去 30 年并没有给全社会带来普遍的进步,并没有让每个人都过上富足的生活,反而加剧了贫富差距,加剧了阶层固化。

赢家与输家

全球化带来了更多财富,但是赢家和输家也泾渭分明。精英与资本是赢家,西方的产业工人和没有接受过大学教育的人群则是输家。因为新自由主义推崇小政府,美国没有很好地去做再分配,去帮助输家适应这种变化。经济发展之后人人都能受益,被证明是不切实际的。

全球化进一步推动了服务财富金字塔顶端 1% 的人的金融资本主义的大发展，塑造出那种个人主义的、追求财富的，甚至为了成功无所不用其极的文化，这种文化对精英阶层特别有腐蚀力。

全球化所建立的贸易体系，由美国主导建立起的规则体系，也体现西方国家和跨国资本的利益。诺贝尔经济学奖得主约瑟夫·斯蒂格利茨（Joseph Stiglitz）在《人民、权力与利润》（*People, Power and Profits*）中特别对这种贸易体系给予了批评。他认为，这种贸易体系所强化的知识产权保护、市场开放、金融开放等，都符合跨国资本的利益，但不一定符合新兴市场的利益。

全球化所关注的焦点领域之一——知识产权领域，进行着激烈的争论。当前对知识产权的保护到底能否保护创新？不断拉长对知识产权的保护时限是不是本质上在维护资本的利益，而以牺牲创新为代价？更罔顾普通人的福祉？比如在对保护跨国药厂的利益还是让更多新兴市场的老百姓可以享受先进仿制药治病救人的好处做选择时，现行的规则体系选择保护资本的利益而不是老百姓的利益。

斯蒂格利茨强调，未来推动经济发展的是知识经济，知识经济需要知识更为广泛地分享与传播，而过度的知识产权保护恰恰与这一方向背道而驰。

跨国资本之所以在全球化中获益最多，与去监管的税收漏洞增多有关。避免双边重复征税的协定和避税天堂的设立，使很多企业甚至从来没有被征过一次税。这种巨型跨国公司钻空子的状态不可持续，因为它动摇了很多政府的税基。政府如果想要有效运作，加大对科研和基础设施的投入，增加可再分配资源，增加对教育和再培训的投入，都需要足够的税收作为保障。

跨国公司最大的盲点是与本地的脱钩。以前的企业都在本地，与本地的人、社区和税收等各方面都有着联系。现在的企业可以在全世界最有竞争性的地方投资，寻找最便宜的劳动力，不再依赖本地，觉得自己不再需要承担对本地的义务。

因为切断了与本地的关联，包括与具体劳工的关联，跨国公司能更顺畅地运用现代工具去推行优化。以效率和利润最大化为名所推行的流程优化，本质上是对普通劳动者的进一步异化。

灵活排班表就是个常见的流程优化的例子。灵活排列表在美国的服务业，尤其是餐饮业中很流行。这一方面意味着零工经济让更多的人可以靠打零工挣钱，提高了便宜劳动力的供给；另一方面，高技术手段既可以使劳动力灵活匹配工作，又可以让餐饮管理者更"高效地"管理，减少员工的医疗保障费用和其他社保支出。这种灵活排班表直接把员工变成了报表上的数字，这种异化本质上忽略了他们作为人的存在和需求，打乱了他们的生活。

全球化进程让一个事实日益清晰：价值观并不能统一。未来的全球化需要包容各种不同的价值观，各种不同的经济组织形式，美国式的放任资本主义、欧洲式的福利资本主义、中国特色的发展道路会长期并存。这时，推进全球化，必须有一套各方都认同的基本准则。

这套准则至少要认同，去全球化或者贸易保护主义，并不是解决当前问题的良药。去全球化有成本，无论是关税成本、供应链重构的成本，还是产业遭受冲击重新适应的成本都很高。

斯蒂格利茨认为，贸易保护主义不是可供选择的道路，也不能在既有的道路上继续向前走，必须进行改革，而改革的首要关注点就是平衡跨国资本和劳工阶层的利益，推动保护劳工利益的改革。

精英的盲点

问题是，精英能推动改革吗？《纽约时报》的前专栏作家阿南德·吉里达拉达斯（Anand Giridharadas）在《赢家通吃：精英阶层改变世界的小把戏》（*Winners Take All*：*The Elite Charade of Changing the World*）中就提出了质疑。他认为，不能寄希望于这些商场上的赢家用市场的方式解决过去 30 年美国积累下来的社会问题。

吉里达拉达斯把过去 30 年全球精英所构建的世界称为市场世界（Market World）。秉持新自由主义的精英，怀疑政府是否能解决持续积累的社会问题，强调解决这些问题应该运用市场的力量，引入企业家的管理和创新能力，用做加法的方式找到既赢利又解决问题的双赢方案。

除了贫富分化加剧之外，过去 30 年美国积累下来的社会问题还真不少：政府公共服务投资不够、基础设施年久失修、医疗成本居高不下、学费高涨、贫富差距拉大、社会下层半数人在 20 年中收入增长停滞、没有受过高等教育的人无法再靠努力和劳动过上中产生活。

市场是精英给出的药方。吉里达拉达斯指出了这种药方的谬误之处：让现有系统中的赢家来主导和推动系统的改革，改革中必然面临尖锐的利益冲突。市场上的赢家不一定没有理想，也一定有不少人愿意慷慨解囊解决社会问题。问题是，他们中的大多数绝对不会把解决问题的焦点放在系统内存在的结构性问题上，他们没有动力去改变那些让他们成为赢家的制度，他们因此钟情于硅谷式的创新，比如推出一个新的 App，来神奇地解决盘根错节的社会问题。

精英对双赢的鼓吹首先建立在自己永远赢的基础上。这样的思路让精英相信用自己最熟悉的方法（比如麦肯锡的方法、市场的方法）就能解决表面的社会问题。但是要真正打破贫富差距拉大和阶层固化的现状，所需要的不只是给人以上升的机会，更需要打破上层人不用冒险就能获得巨大收益的制度。在没有双赢可能的地方，输家一定是普通人。

《黑天鹅：如何应对不可预知的未来》的作者纳西姆·尼古拉斯·塔勒布（Nassim Nicholas Taleb）在《非对称风险：风险共担，应对现实世界中的不确定性》中指出，如果希望鼓励社会阶层之间的流动，打破阶层固化，必须让社会顶端的富裕阶层也有从阶梯上滑落的风险。如果到达了财富顶端的人不再需要冒风险,或者说他们已经有很大的确定性能够让自己和后代都在金字塔的顶端站稳脚跟,不再需要担心有损失,那么整个社会就会出大问题。

寄希望于精英牵头用市场方式解决社会问题的想法,给予了精英巩固自身优势的机会。精英对类似全球变暖或者非洲贫困问题的关注,为他们赢得了社会的尊重,遮蔽了他们在影响体制和规则时的利己做法。吉里达拉达斯认为,与其鼓励精英一方面赚钱,另一方面大笔捐款,更应该增加他们的税负,以便让政府有能力提供更多的公共服务。

过去 30 年,资本和其背后的 1‰ 的精英阶层与普罗大众割裂。作为最大的受益者,精英阶层的话语权特别强大,因为圈层化的加剧,本身的自省能力却越来越差。

如何让精英与普罗大众达成新的共识,而不是精英用自以为的共识去推动改变,成了未来发展的挑战。因为如果精英掌握了推动改变的话语权,最终非但不会带来改变,反而会固化他们的地位。

企业的微观视角

过去 30 年,西方资本主义发展的一大重要推手,是股东价值最大化。但是专注于对金融资本的积累和攫取,有可能导致企业的其他利益相关方被忽略甚至受损:比如劳工(也可以称之为人力资本),比如供应链上下游的企业,比如企业所处的社区,比如自然环境。

企业该怎么做？《互惠资本主义：从治愈商业到治愈世界》转换了视角，站在企业的角度，提出了同样重要的问题：除了赢利之外，企业还有什么目标？甚至进一步追问，赢利是不是应该成为企业唯一的目标或者第一的目标？《互惠资本主义》的作者、玛氏公司的首席经济学家布鲁诺·罗奇（Bruno Roche）提出的"禧年"概念值得被重新发掘，因为它可以让我们重温一种思考人类、环境、财富及它们在世界上各自所处地位的古老方法。

犹太人2000多年前就提出：就好像人每7天里有1天要休息，好让人能够恢复体力；土地每7年要有1年休耕，好让土地能恢复肥力；每50年里也应该设置1个禧年，给每代人重新开始的机会。在这一年，债务人和债权人之间的所有债务都应该被取消，所有抵押的土地都应该被归还给原来的所有者（或他们的继承人），所有奴隶也应该被释放。禧年可以将人们从过度劳累和过度负债中释放出来，将地球从过度使用和过度开发中释放出来，将财富从少数人的过度积累中释放出来。

我们需要尊重促进经济增长的诸多支柱，而不只是金融资本。地球、人和资本的休息、再生与循环，这才是经济可持续发展的动力。资本主义只是人类几千年来组织市场经济的一种方式，现在这种只追求股东利益最大化的金融资本主义的组织形式已经出了问题：一方面如果纳入对其他资本（人力资本、社会资本和自然资本）的使用考核，金融资本主导的资本主义可能不是最有效率的，而且可能越来越容易失调；另一方面，逐利的金融资本也导致了贫富差距的拉大，促发民粹主义的抬头。

提出互惠资本主义，是希望去探讨对市场经济组织形式的有效改革。罗奇认为，这样的改革首先需要拓展企业应该关注的资本的外延，不仅包括金融资本，还需要涵盖人力资本、社会资本和非常重要的自然资本（我们只有一个地球）。这些资本都需要像金融资本那样被考核，形成可以核算的统一标准。

不同资本稀缺程度的变化，也是经济转型时代变化的表征。农业经济时代，最稀缺的资本是土地；19 世纪结束的第一次工业革命以后，包括机器和工具在内的生产资料变得最为重要；20 世纪则是金融资本大举扩张的世纪；21 世纪再次发生了巨大的转型，数字经济时代最重要的资本是知识，它的价值在于通过知识、技术、大数据分析等方式来增强生产产品和提供服务的能力。

资本的变化和转型必然带来全新的状况。比如，二战之后金融资本是稀缺的，现在金融资本已经不再稀缺，稀缺的反而是其他资本，尤其是自然资本。所以我们需要全面衡量其他资本的投入产出，才能创建出更具活力和效率的经济组织方式。

罗奇因此提出，企业需要有高远的目标，而这一目标必然不仅仅是利润的最大化。

玛氏公司在肯尼亚首都内罗毕就开展了一项实验。在内罗毕，几乎所有资本都很稀缺，玛氏公司提出的目标，是在内罗毕创建出一种玛氏的生意（售卖口香糖），让当地人能够脱离贫困。为了达到脱贫这个目标,需要有所创新地去挖掘当地的人力资本和社会资本。结果玛氏公司发现:"授人以渔"帮助当地没有工作的年轻人经营自己的社交网络,变社交网络为小商品的销售网络,的确让很多参与者有了能够养家的收入;而玛氏公司自己也在内罗毕开创了一项原本根本不存在的生意,获得了不菲的财务收益。这就是企业的业务与发展目标结合的结果。玛氏公司甚至鼓励在这个自家培育的网络上售卖竞争对手的产品,因为它的目标是帮助更多人脱贫,而不是赚更多的钱。只有当其他竞争对手也参与到新创的销售网络中去,网络才有更大的发展前景。

商业需要有目标,挣钱只是手段,挣钱能确保商业的可持续性,确保它能更好地实现目标。

吉里达拉达斯质疑商业精英用市场的方式解决社会问题,罗奇则强调企业需要在赢利目标之外设立一个更为高远的目标,两人的观点似乎有矛盾。

罗奇的视野超出了人类社会本身,涵盖了我们生存的地球,他认为企业必须能够为人类和地球的问题找到可赢利的解决方案,而不是从为人类和地球制造麻烦中牟利。在这一点上,罗奇与吉里达拉达斯又是一致的。吉里达拉达斯最担心的就是精英鼓吹"向善"却避而不谈如何防止"作恶",而罗奇把不做坏事牟利,作为衡量企业是否有高远目标的第一条标准。

走出市场万能的迷思

吉里达拉达斯对商业精英用市场方式解决社会问题的批评是中肯的。如果要走出过去 30 年西方主导的全球化困境，就必须建立市场与政府之间的平衡，尤其要去反思新自由主义所标榜的"小政府、大市场、去监管"的药方。

市场不是万能的，市场本身并不一定能催生创新。它同样可以在没有监管的情况下让大企业、平台型的企业滥用其垄断地位和市场支配力；它可能促使企业仅仅追逐利润，罔顾劳工的利益；它可能让企业急于分蛋糕，而不是把蛋糕做大了再分。

市场因此需要有效的监管，需要有足够的竞争，不然可能会失灵，一方面产生大量像污染这样的负面的外部性产品，另一方面却又很难为像基础研究这样的公共服务提供足够支持。

斯蒂格利茨认为，美国当前最大的问题是对市场的迷信，缺乏对人力资本、基础设施和基础研究的足够投资。此外，虽然理解竞争的重要性，市场上却仍然存在着对垄断的崇拜。

现实当中，我们经常能看到领先的前两三名企业占据其所在行业主要的市场份额，有的行业（飞机制造）甚至出现了像波音和空客这种双头垄断的格局。互联网领域平台型企业的优势更为明显，谷歌和 Facebook 瓜分了美国几乎所有数字广告增量的份额，全球市值排名前 10 名的企业中 7 家是高科技企业，每家都在构建自己的势力范围,对进入这一范围的初创企业实施先发制人的并购战术。

市场本身也无法应对经济转型。面对全球化和技术的挑战,需要政府投入更多来帮助普通人应对从工业经济时代向数字经济时代的转型,应对技术带来的职场的巨大变化。这需要非常积极的就业辅助计划,更快创造出新的工作岗位,帮助普通人能够在新经济中找到自己的位置。政府如果加大对教育、养老和医疗的投入,确保这些行业雇用更多的人,提高老师和护士的工资,会对市场传递积极的信号。

打破市场万能的迷思就是要重新建立市场与政府的平衡。要真正解决社会问题,必须为政府赋能。在税收资源的再分配等问题上,必须让政府有所作为,有能力作为,然后才是提升效率。期望私营机构替代政府提供公共服务,会产生两方面的问题:它能解决个案,却不一定能解决系统问题;它给予了私人(无论是大企业还是大富豪)过多的不对称的话语权。只有政府所提供的公共服务才会是真正普惠的。

全球化需要新思维

关于吵吵嚷嚷三年多的英国脱欧，我站在局外人的角度，觉得这是英国人在瞎折腾，是纯粹的内耗。但是如果从全球化的视角去看，英国脱欧却标志着这一轮高歌猛进的全球化的尾声。

在 20 世纪八九十年代开启的这一轮全球化中，得益于信息技术的发展，跨国公司成为全球化最大的推手，制造业的外包、全球产业链和供应链的构建、全球金融的大开放与资本的加速流动，营造了全球经济欣欣向荣的局面，推动了以中国为代表的新兴市场的崛起。

但是全球经济大发展的同时，全球化也制造了明显的赢家和输家——技术、制造业外包和移民带来的西方国家蓝领阶层的工作转移与工资增长停滞，与精英阶层获得的财富增值形成鲜明的对比。

英国脱欧因此本质上是对这一轮全球化的收益和责任不均衡所提出的抗议。

《21世纪资本论》已经点出21世纪全球化面临的最大问题,那就是仅有经济、市场与金融的全球化,却没有治理的全球化、征税的全球化、转移支付的全球化、对全球化输家的补偿(培训和救济),那么这样的全球化是无法持续的。因为金融资本可以在全球寻找机会,本地市场劳动力的议价能力越来越低,机会与财富的分配日益不均,贫富差距日益拉大,如此会割裂社会的机理,推动民粹主义抬头,最终葬送全球化的进程。

简世勋的这本《世界不是平的:走过逆全球化暗潮》更是一再强调,全球化并不是在真空中发生的,全球化也并不是一条单行线,如果无法适应新的全球经济、金融与政治现实,全球化的前景就会混沌不清。我们现在面临的世界恰恰如此。

全球化所崇尚的四大自由——商品、服务、金融与人的自由流动——受到一套机制和体制的支持和约束,仅仅靠市场的看不见的手,无法解决全球化可能造成的问题,或者说克服市场本身造成的波动和周期性难题。历史上的全球化进程都曾经因面临挑战而停滞甚至倒退,究其原因,恰恰是它所塑造的全球体制和机制无法跟上不断改变国际经济与政治的现实。19世纪第一次工业革命之后的全球化,依靠英国的法律和英国皇家海军的武力来维护,但这样的秩序在列强的竞争中无法维持,需要用两次血腥的世界大战来打开局面。

二战之后的国际经济秩序则依赖美国主导的国际金融体系及其背后的武力来背书。美国为国际新秩序提供了经济、金融与军事的保障，而美国经济、金融与军事的实力也给了它用自己的方式来塑造世界的机会。美国主导的国际经济秩序有一系列的全球机制来支持，包括世界银行、国际货币基金组织（IMF）、关税及贸易总协定（GATT）和之后的世界贸易组织（WTO），以及经济合作与发展组织（OECD）等，而这些机制的建设无一不是以西方国家——美国及战后恢复起来的欧洲诸国和日本——的利益与诉求为出发点的。

冷战结束之后，美国的影响力达到顶峰，弗朗西斯·福山（Francis Fukuyama）甚至预言"历史的终结"。他们都没有看到，内外部环境的变化——一个更加整合和多元的全球经济格局及一个贫富差距日益扩大的国内经济格局——需要现有的体制与机制做出改变。欧元区提供了一个非常好的例子，当政治整合滞后于经济整合的时候，当民族国家的利益与欧盟整体的利益发生冲突的时候，张力就特别明显。欧元区恰恰因为没有统一的银行体系、没有一个推进统一的政府而导致更为严重的南北分化。同样，国际贸易和资本的自由流动，也恰恰因为没有适应性的国际治理体系，而加剧了贫富分化。

当今的全球化正面临着三方面的挑战。

首先是全球经济多元化的挑战。随着以中国为代表的新兴市场的崛起，全新一批全球化的参与者有着完全不同的历史背景、历史叙事和对全球化的认知，他们对全球化的方向和目标有着不同的想法,全球化往哪里去,需要达成新共识。

其次是全球治理的滞后。二战之后建立的全球化的治理体系已经无法应对新的环境,经济合作与发展组织虽然扩容,却仍然是富国俱乐部,无法真正让中国和印度这样的新兴市场大国参与其中。国际货币基金组织仍然由美国和欧洲国家主导,无法适应全球大规模储蓄的不平衡,应对支付危机。而如果没有治理的全球化,或者说没有非西方国家参与讨论全球治理新思维并达成共识,那么全球化面临的问题就很难解决,解决这些问题的责任就很难被分担,西方民粹主义就会进一步瓦解全球化。

最后是随着全球经济整合更为深入,经济周期下行时对全球经济尤其是新兴市场经济的打击也更为严重,需要有预防与纾困机制。资本的全球化是双刃剑,如果我们仅仅看到了资本全球化推动新兴市场经济发展的一面,却忽略了资本全球化在经济周期下行时通过资本抽离给新兴市场经济带来的打击,全球化在周期面前会显得尤其脆弱。简世勋在书中就提出应该建立起一套新的机制——全球金融流动组织(Global Organization of Financial Flows)来治理热钱盲动给全球经济带来的负面打击。

全球化并没有把世界缩小为地球村,我们距离那个机会、发展与财富都公平的世界还很遥远,但是全球化的确给全球经济带来了整体的发展和富足。反思全球化,就是要找出逆全球化思潮的原因,理解多元世界不同的诉求,构建多极世界的治理结构。唯有如此,才能推动全球化前行。

拥抱未来的思维实验

未来的生活和职场会是什么样子？约翰·凯恩斯在 20 世纪上半叶给出了预言，他认为到了世纪末每个人每周只需要工作 15 小时就能过上富足的生活，人类面临的最大问题是如何打发那一下子多得多的时间。

很可惜，凯恩斯的预言并没有实现，无论是在美国，还是在中国这样快速崛起的国家，普罗大众花在职场上的时间是更多了，而不是更少，工作和生活的天平更偏向工作，而不是生活。但这并不妨碍研究者和公共政策问题专家去开启面向未来的新的思维实践，恰如安妮·罗瑞（Annie Lowrey）在《贫穷的终结：智能时代、避免技术性失业与重塑世界》中所详细剖析的那样，全民基本收入（Universal Basic Income）就是这样一个各方都热衷挖掘的概念。

试想一下,如果没有任何限制,每个公民每月都能有 1000 美元的基本工资,整个社会会变成什么样子? 贫困是否会彻底消失,社会是否会变得日益公平?

全民基本收入之所以被提出,大背景是最近五年人工智能的突飞猛进,人工智能代替人类进行工作的预言不绝于耳。虽然在人类历史上机器替代人类进行工作的事情频频发生,但是这次可能不一样:一方面人工智能发展迅猛;另一方面人工智能可能替代的工作岗位十分多,甚至有人预言在 10 年后有接近 40% 的工作岗位会被替代,如果在这么短的时间内无法创造出同样多的新工作岗位,或者无法对职场中被颠覆的人群进行很好的转岗培训,那么我们将面临巨大的社会问题——大规模的失业、大规模的返贫。

当然,全民基本收入的提出,也是针对资本主义和全球化在最近 40 年发展所带来的问题,寻找解决方案的尝试。如果从二战结束开始划分,资本主义的发展可以被大略分成两个时期。20 世纪 50 年代到 20 世纪 70 年代是快速发展兼具公平发展的时期,无论是欧美还是亚太的新兴市场,经济发展都伴随着几乎所有阶层生活水平的提升,中产阶层成为社会的中坚,对普通劳动者的保护确保了经济发展的蛋糕相对公平地再分配。

20 世纪 80 年代美国总统里根、英国首相撒切尔夫人的改革和以跨国公司为主导的全球化打破了这样的平衡,天平越来越向资方倾斜。欧美的劳工阶层过去 20 年薪资水平几乎没有提升,财富的分配更是差异巨大。1%,也就是位于财富顶端的人群,资产迅速增长。而蓝领工人阶层的失业率也因为全球化的产业转移而激增。劳工阶层的不满引发的民粹主义和贸易保护主义也是特朗普上台和英国脱欧背后的推手。这也是全民基本收入希望去解决的问题。

但是，恰如罗瑞在书中所剖析的那样，全面推行全民基本收入，面临着巨大的挑战。

首先是财政的负担。如果在美国推行每人每月 1000 美元的基本收入政策，美国联邦政府的财政支出几乎会翻一番，政府要承担如此高的支出，意味着税负的增加，这对市场经济本身到底会带来什么样的打击，是很大的问题。

其次，高福利带来的问题，在过去几十年也已经显现。在一些国家的确出现了高福利抑制普通老百姓工作的意愿，很多人依赖高福利的负面现象。而欧美国家之所以都选择采用食品券和住房券等非现金的方式作为针对贫困人口的补贴，也是为了避免人们把国家给予的补贴花在酒和毒品上。如何确保全民基本收入是用来保障每个人都能有饭吃、有房住，而不是鼓励懒惰，甚至被用于上瘾的活动——最新的上瘾可能是在移动互联网上打游戏和打赏——这是关于这项公共政策的另一个核心议题。

放在中国语境下，罗瑞的这本书仍然能给出不少启示：

首先是如何帮助所有人脱贫和如何抑制日益扩大的贫富差距问题。这两个议题在中国都是重大议题，需要去深入讨论，也需要引入新思维。全民基本收入就是这样一种新思维，强调进行一种由政府强力推进的二次分配，强调公平和给每个人提供基本的生活保障,这是符合中国未来发展方向的。到底是授人以鱼还是授人以渔,在实操层面可能会带来什么样的影响,带来什么样的衍生问题和挑战?讨论这些问题正是罗瑞这本书的有益之处——它剖析了各国的经验和来自学界、企业界等社会各界的思考。

其次,对全民基本收入的探讨,也表达了一种对未来理想社会的追求。这样的理想社会的基石是尊严和平等,给予每个人基本的生活保障就能确保每个人有基本的尊严,并且能平等地活着。在这样的理想社会,每个人都不应该被落下。这种探讨同样也是在追问一系列问题:比如财富应该如何分配? 企业的责任除了追求股东利益之外还应该涵盖哪些? 慈善的目标到底是什么?

最后,我们不能忽略的是,这本书是写在美国语境之下的一本书。美国人均 GDP 已经达到了一个很高的水平,而中国如果以人均 GDP 来计算,仍然停步在发展中国家的水平。不同的人均经济发展水平对是否应该和能否提供全民基本收入到底会有什么样的影响,这是值得思考的议题。此外,如果说全民基本收入是对未来人工智能所带来的颠覆的预先准备,而中国恰恰是全世界人工智能最大的试验场,我们也应该去追问,人工智能带来的生产力的提升、效率的提升,到底应该如何让更多普通中国人去分享红利。

央行为何？

美联储前主席保罗·沃尔克（Paul Volcker）的自传《坚定不移：稳健的货币与好的政府》，梳理了自己在美国财政部和美联储服务几十年的历史，也分享了他对金融市场最新变化和金融监管的思考。当年，习惯叼着廉价雪茄的沃尔克是逆转美国高通胀率的高人。2008 年金融危机之后，他又以提出"沃尔克法则"而著称。这本自传，有足够长的镜头以记录全球金融市场的变化和相应监管制度的变迁，也有足够高清的显微镜以关注当下全球经济面临的重要问题，其中两点非常值得我们深入思考，其一是"沃尔克法则"，其二则是央行为何。

在卸任美联储主席接近 30 年后，沃尔克针对 2008 年全球金融危机暴露出来的金融监管的问题，提出了"沃尔克法则"。

这一法则强调两点:第一,金融市场的主体需要权责对等,受到联邦支持、使用过公共资金的私营银行,不能再去从事自营业务,因为风险收益归银行家,风险发生的后果却需要公共资金去承担,这样的行为不能得到鼓励;第二则是看到了金融监管的复杂性和美国叠床架屋式增设机构的问题,建议美国总统任命一名美联储副主席,该副主席将牵头联系各个金融监管机构,每半年向国会报告金融体系的情况和风险。

很显然,法则的第一点是对金融创新监管的思考,第二点则是他对政府治理改革的建议。

沃尔克在 2008 年金融危机之后就很清晰地提出压力测试的重要性,当然这也是贝拉克·奥巴马政府第一任财务部长蒂莫西·盖特纳(Timothy Geithne)的贡献。金融体系中已经有一些支柱机构大到一旦陷入困境就可能对金融体系带来系统性风险,因此必须对它们进行压力测试,看它们能否经得住市场突变。还必须要防范道德风险,因为一旦它们陷入困境中,就有可能要求国家(政府)来纾困。从这一点出发,沃尔克在法则的第一点中再次强调了“道德风险”的问题,接受过政府纾困的金融机构,不能拿公家的钱去冒险。

沃尔克法则的第二点则是他对于政府治理(监管)的思考,而这种政府治理所需要的改革恰恰是由金融市场的快速变化引发的。

仔细梳理一下美国金融监管面临的问题,就会发现有以下两方面的挑战:

首先,监管是叠床架屋式的,因为不同的监管机构都是在不同的历史阶段针对不同的金融问题而建立的。金融的进化带来了市场的巨大变化，监管却并没有形成一个整体的协调机制，很难跟上金融进化的步伐。

协调监管不容易，比如美国2008年金融危机之后就创建了金融稳定监督委员会（Financial Stability Oversight Council），希望用新的机构来解决新的问题。但是叠床架屋，并不是很好的解决方式，因为美国每个联邦监管机构都有自己的渊源、覆盖的范围、政策上的优先选项，每个机构对于同一个问题的认知和解决的缓急程度都会有所不同。这才是沃尔克提出应该由美联储牵头来推动监管的整合，特别是由一位美联储副主席来做牵头人的原因，因为美联储毕竟肩负着维持美国宏观经济和金融体系稳定的重任。

其次，金融市场的变化远比监管模式的变化要来得快。尤其是当金融创新从商业银行发展到衍生交易，以及进一步的FinTech（金融科技）之后，之前各守一摊的监管模式很难应对。金融市场变得日益复杂多变，监管者无法快速进化，各个监管机构之间的交叉和缝隙带来了监管的冲突和从业的漏洞，这些都将是产生问题的土壤。

再次，监管的市场发生了本质的变化。原有美联储的监管体制主要是监管银行，但是金融市场已经不再被银行所主导，转而被证券交易、资产证券化和衍生商品等此起彼伏的金融创新所左右。如果仍然坚持原有的监管银行的框架，是对金融现实的漠视。

因此，美联储作为央行，本身的管理目标也在发生巨大变化。

央行的职能,尤其是央行确保日益复杂的金融市场稳定的职责,需要它去协调与其他监管机构(比如说证监会、联邦存款保险公司、消费者金融保护局等)的关系。

沃尔克法则的提出,引出了沃尔克自传最重要的关节点,那就是央行为何。简单来说就是央行到底是什么,管什么,怎么管?

在书中,沃尔克念兹在兹的是美联储的独立性。一方面这是历史的偶然,美联储由国会授权、对国会负责,它是政府的一部分,但不一定是某任总统政权的一部分。因为美联储的设计者不希望美联储成为短期选举政治的应声虫,所以它的设计原则也体现了美国分权与制衡的的原则。

另一方面,一个国家需要有稳定的货币政策,需要对经济的发展做长远考虑,这就需要央行与政客之间保持一定距离,因为央行的政策需要有延续性,央行的政策要同时兼顾短期和长期利益。相反,美国总统在每四年一次的选举周期的压力下,很少能放眼长远。尤其当短期的经济增长目标(也是赢取选票最重要的基础,当年老布什没有兑现竞选期间不加税的承诺,就被比尔·克林顿奚落说:"经济才重要,你个笨蛋。")和经济长期面临的结构性问题之间发生冲突的时候,需要有具备独立思考能力的美联储主席站在确保经济长期繁荣的角度去思考问题,去抗衡美国总统的短期行为。

沃尔克在美联储的工作本身是美联储独立性的体现。在20世纪70年代末上任伊始,沃尔克就面临通货膨胀率高达两位数的难题。为了彻底解决通胀和通胀预期，他率先提出了要跟踪货币供应总量，而不是盯住利率的新政策。他下令美联储今后不仅以某一特定的短期利率为调控对象，而且直接以银行系统的货币供应量作为调控目标，这是一条从对信贷资金的价格进行控制转为对信贷资金的总量进行控制的新思路。

1980 年，美国通胀率的数字是两位数，甚至有超过 20% 的可能，高通胀对于任何人而言都是非常苦难的事情。沃尔克改变策略，把控制整体货币投放量作为一个短期的抓手，重拳打击通胀，代价是经济增长的放缓。沃尔克很清楚，自己是在两害之间取其轻：因为如果不控制通胀，未来经济面临的问题会更多——比如说劳资纠纷，老百姓为了应付通胀一定会不断要求加工资；但是如果控制通胀，就可能人为地制造出经济的紧缩。

1980 年是大选年，吉米·卡特总统能否连任，美国政府在经济上的表现很重要。沃尔克紧缩货币政策导致的经济疲软的确是卡特连任失败的原因之一。十几年后，沃尔克和卡特一起去钓鱼旅行的时候问卡特，当时他是不是很恨自己，在压通胀还是保经济之间选择了压通胀。卡特的脸上扫过一丝痛苦的表情，连任失败的原因还有很多，这是卡特的回答。沃尔克因此对这位前任总统的敬佩有如涌泉。在选战和国家未来长期经济发展之间，有前瞻眼光的政客一定清楚该如何选择，这也是为什么卡特是美国各卸任总统中民望最高的。

央行为何问题更重要的一点是，面对金融市场快速的变化，央行该管什么,怎么管?

传统发达市场的央行把低通胀率和低失业率作为管理的目标。但是,经历了 30 多年的发展,发达市场的经济形态已经发生了巨大的变化,上一代经历过通胀的人已经老去,新一代人印象中总是价格稳定、通胀温和。那么低通胀是常态吗?通胀是否需要被重新定义?为什么在充分竞争和全球化的市场中,因为得益于生产力的提升,商品价格一定下滑,但是服务生产率的提升却没有那么快?怎么去应对这样的新变化?

2008 年金融危机又给央行行长们提出了新课题:从 2000 年以后,通货膨胀被控制住了,但是以房价为代表的资产价格却一路飙升。到底是什么导致了资产价格不断上涨,而传统意义上的通胀却保持在一个比较低的水平呢?金融危机之后,美国又有新一轮资产价格的激增,但通胀却维持在低位(在欧洲和日本甚至出现通缩和负利率的怪现象),背后的原因也同样值得去思考。

沃尔克在美联储的后期把工作重点放在了防范金融危机上。如何管理经济周期,是始终摆在央行行长面前的大问题。沃尔克在书中用美联储前主席威廉·马丁(William Martin)的一句话"在派对正酣的时候搬走酒坛"来形容央行的职责,这是防微杜渐的管理思路,需要央行对经济运行有着整体的把握,能清晰判断出经济过热并果断踩下刹车。

用沃尔克的思路,去观察目前美国总统特朗普与美联储之间的分歧,更有深意。特朗普希望美联储降息以维持一年前减税带来的虚假繁荣，为他连任造势；美联储主席杰罗姆·鲍威尔（Jerome Powell）却仍然在经济降速风险和市场泡沫之间做权衡，虽然暂停了加息步伐，但是对于是否降息有很大疑虑。当然，他也希望在经济出现真正危机时留下更多降息的空间。

沃尔克对央行为何的思考，有三点值得中国的金融改革者借鉴。

首先是一个国家是否需要一个金融领域的超级监管者？国内关于监管改革的讨论一直有各管一摊和创造一个超级监管者两个不同观点。沃尔克的观察却道出了监管原则与金融市场发展现实之间的差距。恰恰因为金融市场的发展要远快于监管的改变，而各种监管机构都有自己的历史包袱，超级监管者在理论上一定会强于分头治理。但是沃尔克法则的第二点，即由央行牵头的协调机制，恰恰告诉我们，任何涉及政府机构的调整和改革都不容易，中外皆然。

其次是如何保障央行在解决金融经济短期发展问题和确保经济长期发展稳定之间做好平衡。沃尔克给出的法则是强调央行的独立性。但是他在书中其实也很清楚地告诉我们，这样的独立性并不是一纸条文就能确定的，需要央行行长自身的表率，也需要经济学家作为一个团体充分参与政策讨论并发出自己的声音。

最后是如何解决全球金融面临的新问题。第一，在欧洲国家和日本，摆在央行行长面前的是低增长和低利率甚至负利率的难题，也都面临着量化宽松政策放水之后如何破局的难题。中国面临的周小川提出的"堰塞湖"和"蓄水池"的问题，同样不容易解决。第二，央行行长们也需要紧跟金融科技创新的步伐，如何加快监管改变的步伐、利用最新的科技、引入高质量的人才，都需要新智慧和行动力。第三，全球低通胀是否是常态，通胀在未来是否会重新抬头，也是摆在全球央行行长面前的重要课题。

用系统思维思考中国经济的转型

中国经济经过改革开放后 40 多年的发展，到了一个需进行结构性改革的关键时期。中国在经济发展上形成了一系列经验，也带来了不少与之相关的难题。比如房地产发展成为经济的支柱，但是相关的土地财政问题亟待化解；比如经济发展对商业银行信贷的依赖越来越强，但是与之相关的影子银行问题亟待化解；比如产业政策和各种刺激措施推动了技术的发展和产业的升级，但是也不可避免地带来了相关的产能过剩问题。

这些经验和难题都指向同一个问题，那就是随着中国经济体量的不断增大，老百姓对美好生活的追求百花齐放，世界经济的外部环境发生了巨大变化，过往的发展经验可能变得不一定适用了。追寻中国经济发展的新动能，需要大转型，一方面要着手解决经济发展中积累的问题,另一方面也需要不断找到新的经验和方法。

从学术到实务,社会各界对中国经济转型的讨论很热烈。如果用系统思维去分析,我们就更能够找到转型背后的逻辑。

经济转型的必要性

复旦大学张军教授和王永钦教授主编的《大转型:中国经济改革的过去、现在与未来》对中国改革开放的经验做了很好的梳理。改革开放之初,中国与西方发达市场的差距有二:一方面是中国市场化程度很低,一开始很难通过价格信号来配置资源,因为价格根本不准确;另一方面,中国与西方有着巨大的技术差距,可以通过学习、仿制、"山寨"来追赶,一定时间内并不需要创新。

张军和王永钦提出,中国的改革策略和治理结构暗合经济学中的次优理论,也就是只要经济中存在许多扭曲,如果只消除其中一个或者几个扭曲,而不是全部扭曲,情况可能会变得更差而不是更好。在这种情况下,人为增加一个扭曲,反而会提升资源配置效率、促进经济发展。比如在经济发展过程中,压低劳动者的工资(之前城乡二元经济的剪刀差)有利于加速资本的积累,同时 GDP 锦标赛也容易更好地激励地方政府发展经济。利用相对廉价的劳动力,明确的激励机制,再加上 2001 年中国加入 WTO,完全融入全球产业链,成为世界工厂,这些都是推动中国经济发展的宝贵经验。

但现在面临转型恰恰是中国经济的特征和禀赋,中国所面临的外部环境，也都发生了巨大变化。从发展阶段上来说，中国需要从基于投资的发展阶段转向基于创新的发展阶段。

一方面，基础设施投资的边际效益递减。一份研究报告显示，如果单看人均基础设施存量，用中国所有的高铁、铁路、公路、桥梁、隧道、机场、码头、工业园等基础设施存量除以中国 14 亿人口，中国已经超过英国和德国这样的西方发达国家，跃居世界第二的水平，仅次于美国。

另一方面，中国与国际先进技术之间的差距正在缩小，甚至在一些领域，比如说 5G，中国已经成为技术的引领者，参与到最新标准的制定过程中。这种情况下，复制和追赶的发展模式，必须尽快转变为鼓励创新的发展模式。所以，在这样全新的经济发展阶段，早期促进投资的政策，比如说压低工资，反而会阻碍技术的创新。

全球的消费核心也正在从有形资产向无形资产转变，对有形资产的投资，正在让位于对无形资产的投资。这是一个外部的大格局。同时，全球化也正面临严峻的挑战，贸易保护主义和民粹主义抬头，从深层次上挖掘，原因是上一轮全球化的过程中，有明显的赢家和输家。全球资本精英是全球化当仁不让的赢家，中国深入参与全球产业链，成为世界工厂，虽然给全球消费者带来了巨大的福利，但也给世界上的许多国家造成巨大的经济和社会冲击，这尤其体现在西方国家蓝领工人的工作被大量转移上。

东方证券首席经济学家邵宇在《预见未来：新时代投资机遇》一书中提出，中国经济要转型就需要挖掘新需求。他列举出拉动新需求的三驾马车:城镇化 2.0、消费升级及全球化的 4.0。他认为新需求是推动中国未来发展的动力。

城镇化是中国未来发展最大的推手。很多专家都提出,中国经济需要从城镇化 1.0 的版本迈向城镇化 2.0 的版本。1.0 的版本是土地的城镇化,却忽视了人的城镇化,造成的结果是中国出现了大量的农民工群体,但他们却没有办法在大城市中真正留下来,也因此出现了农民工二代成为留守儿童和流动儿童这样的社会问题。城镇化 2.0 的版本,强调的恰恰是以人为本的城镇化。邵宇强调了在中国通过构建大型都市圈和卫星城来吸纳广大人口的重要性。"农民只是一种职业,不应该成为身份的标签。"打破城乡的差距,让更多人能够在城镇化过程中享受到福利,将形成经济发展巨大的推动力。

消费升级与城镇化 2.0 息息相关,也凸显了中国未来经济发展与全球的同步性。消费升级不仅仅是对更好的产品和服务的需求,也是对更好的环境、更丰富的体验、更多元的娱乐的向往。消费升级更不仅局限在传统定义的消费领域,还涉及公共服务领域,对更好、更便捷、更安心的医疗服务,对更好、更贴近孩子需求(个性化)、更能挖掘孩子发展潜力的教育服务,也有着非常大的需求。如果在医疗和教育上没有同步的发展和创新,也没有养老领域的创新,那很难完成人的城镇化的目标,也很难挖掘出真正的消费潜力。

全球化 4.0 则是一个非常有意思的提法,也跟 2019 年冬季达沃斯论坛的主题契合。一方面强调了中国如何进一步参与全球化,通过"一带一路"倡议帮助新兴市场构建经济发展所需要的基础设施，在全球金融和贸易治理的框架下，比如世界贸易组织、世界银行和国际货币基金组织，参与更多议题的讨论；另一方面也正视全球化有赢家和输家的现实，更好地化解全球化当前所面临的开放和闭塞（也就是拥抱自由贸易与贸易保护主义）之间的矛盾。

复杂系统与转型

为什么过去的经验有可能不适用了，需要用系统思维的方式，把经济当作一个日益复杂的系统来观察？

我们身边有很多复杂的系统，企业、城市、国家，乃至整个地球，都是复杂的系统。系统思维就是用来理解和分析复杂系统的思维。复杂系统有一些基本的特征：系统可以由各种简单的部分组成——比如说一个白蚁群由上百万只构造简单的白蚁组成，但是系统的整体却不是简单的部分的加总——比如白蚁群可能涌现出许多非常复杂的行为，系统更能适应环境的变化，系统能形成自己的（不同于系统组成部分）的目标，系统还能够进化。

一个经济体就是一个复杂的系统。经过40多年的改革开放，中国已经是世界第二大的经济体，其复杂多样性，已经非40年前可比。

用系统思维来分析，改革就是改变经济运行时依据的制度和规则，创建更适合或者说更适应未来经济发展的规则。同样，用系统思维来分析,开放就是让信息流变得更通畅。信息越是公开透明,信息流越通畅,就越能够吸纳更多方面的信息,就越能够加快系统的反馈,增强系统对变化的反应。

举一个例子,一个健全的股市为什么那么重要?因为股市有信息加总和反馈的功能,能够集合参与者的集体智慧。信息加总会把乐观者和悲观者的观点汇合起来。反馈也非常重要,如果信息流通畅,却没有及时的反馈,仍然会给系统带来很大的隐患。股市能够成为经济发展的晴雨表,就是其信息加总和反馈功能的体现。

为什么需要转型?因为对于一个复杂系统而言,无论是生态圈、还是企业、社群,当内外部的环境都发生了变化之后,这个系统就一定需要产生相应的变化去适应这种改变。生物学历史上的进化,经济领域内的科技进步与创新,社会的改良、变革乃至革命,都是一种适应内外部环境变化的转型,如果用系统思维来分析,就是一种自组织。自组织的结果是创造出全新的组织架构、机制和机构,带来全新的行为。

站在企业层面,这种自组织可以表现为研发新技术、创造新模式、经历市场检验的创新被大规模推广,从而带来企业的快速成长。

在这样的一个过程中,多元和竞争变得特别重要。多元就是鼓励创新,能够承受甚至拥抱风险;竞争需要有公开透明规则的市场,要能够营造一个公平的环境(在商业领域就是有法治的保障)。

生物学的视角能够让我们更深刻地意识到经济转型的重要性。为什么生物学家那么在意生态系统的多样性?因为生物进化的历史一再证明，并不是最强大、最有效率的生物能持久存活下来，即使庞大如恐龙也有可能因为环境剧变而迅速灭绝。同样，当生物种群变得过于单一的时候，其抗风险能力反而会下降。如果在田里推广单一高产作物，短期内一定能增加收入，但是这可能会降低整个农庄应对未来潜在病虫害的抗打击能力，也就是整个系统的韧性反而变弱了。

多元的生物世界，能够在整体上获得更好的发展，就是这个道理。春秋战国时代，百花齐放，思想争鸣，恰恰是华夏文明最璀璨、最艳丽的时期，也给我们留下了极为丰富的思想宝藏，这也体现了同样的道理。

用系统思维来看经济系统，还有一个重要的观点值得深思。

日益复杂的经济体，不是一台精密的仪器，按照恒定不变的物理定律运行，而更像一个生命体，不断涌现出新现象。政策制定者管理经济，应该摆脱工程师、规划师的思维，因为日益复杂的经济系统很难驾驭。

复杂系统无法被任何人所完全认知，无法被任何模型所模拟。虽然我们能够用经济模型来比较好地在大框架内认知经济的发展，我们对经济运行背后的动能已经知之甚多，但是这仍然不够，恰恰是我们未能掌握的那些信息、我们的无知，会带给我们惊讶。

为什么系统总会带来意想不到的变化？为什么 2008 年发生的全球金融危机很少有人预测到？为什么会出现灰犀牛和黑天鹅？归根到底一句话，每个人对系统都缺乏完整的认知。系统是相互关联、没有边界的，每个人对系统的理解都受到自己的认知局限和信息局限的影响，所以预测明天容易，预测未来难。

此外，现象、行为、结构，这是认知的三个层次。大多数人都能看到现象，比如说股市上涨，但是今天上涨并不意味着明天同样上涨，通过对现象的观察（事件的观察）不能进行有效的预测，必须有基于时间轴的对行为的观察，才能有更完整准确的洞察。但是想真正理解系统内部的结构，做到前两点仍然不够。我们还容易犯一个错误，那就是过于关注系统中流量的波动，而忽略了存量的影响。比如说，在经济政策研究中，我们通常专注于 GDP 的增长，却忽略了资本存量的使用效率是不是有所提升、是不是存在浪费，这些都是非常值得去思考的。

用系统思维来思考转型

数字经济的发展，是中国经济未来发展的一大重点。适应数字经济发展，必须推动金融市场从广度和深度两个维度进行改革。中国经济需要逐渐戒除对商业银行信贷的过度依赖。商业银行信贷是工业经济时代的产物，数字经济所鼓吹的恰恰是金融脱媒。商业银行一定是锦上添花而不是雪中送炭的，因为从整个系统的设置角度看，它的首要目标就是管理甚至规避风险的。而创新和创业从根本上来说都是高风险的，需要通过上市这种直接融资的方式来真正获得支撑。让股市更加健全，不仅仅是进行推出科创板这样的尝试，仍然需要回答不少重要的问题，比如：怎样让市场能够更好地对好的和差的上市公司做出鉴别？如何开启有效的退市机制？

中国经济发展的另一重点恰恰是对推动经济从次优的发展模式转变成更优的发展模式，推动中国从新兴经济体迈向成熟经济体。

转向更优的发展模式，需要转变经济中存在的各种扭曲。张军和王永钦就提出，现在是时候把价格做对了，尤其是要素价格和劳动力（人才）价格，这样才能真正让市场在配置资源的过程中发挥决定性的作用，而不是主要依赖关系型合约和产业政策来推动经济发展。

中国经济的转型也需要伴之以治理体系的改革，需要构建适应未来发展的治理体系。《大转型》一书中就提出，政府政策干预的形式和幅度应该取决于经济体具体的发展阶段，尤其是市场的完备程度和与世界技术前沿经济体的差距，需要根据经济体的不同发展阶段来调整。在市场发育得足够充分后，经济发展战略和政治治理结构也需要进行适时的转型。

比如说，中国经济发展的增速一直是各方关注的议题。但同时，大多数学者都认可，衡量中国未来经济发展的标准，应该从简单的速度考核转到如何推动更高质量的发展上。经济增速放缓不用担心，经济发展的质量和可持续性更重要。如果从系统思维的视角去观察，GDP就不应该有目标，因为GDP数字应该是经济发展的结果，而不是经济发展的目标，不然就很容易混淆了目标和手段。经济发展的目标应该是生活水平的提升、就业的充分、经济的稳定。如果长期把 GDP 的增速制定成整个系统的目标，就会扭曲整个系统的行为，就可能在这一过程中出现为了达标而不计成本的情况，产生低质量的 GDP 和效率低下的 GDP。

很多学者关注中美之间的修昔底德陷阱。中美两国，一个是崛起中的大国，一个是守成的大国。前文提到的《注定一战》一书就梳理了过去 500 年 16 次崛起中国家与守成大国之间的冲突，其中 12 次以战争为结果。

中美未来的竞争，可能是贸易战；肯定是技术战，看谁能在未来占领技术领先地位；更是金融战，看谁能更有效地调配资源、支持创新、规避风险。恰如弗里德里希·哈耶克很早之前就验证的，更加分散化和市场化的资源配置方式（商品市场、要素市场和金融市场）会更好地加总大众的智慧，促进创新的发展。当然，在大数据和人工智能推动数字经济蓬勃发展的今天，大数据更好地交换也非常重要。

除了竞争的一面，我们更需要看到参与全球化这个大系统的一面。未来全球产业链、信息技术、大数据等诸多方面的融合会加剧，中国需要参与更多面向未来的标准、制度和规则的制定。以大数据为例，如何保护普通人的隐私？如何确保大数据不被滥用，同时又能鼓励大数据被研究机构和企业合理使用，推动创新？这些问题都需要中国企业和政策制定者深入参与讨论。

未来经济的发展归根结底是我们能否创建出一个有动能、有韧性、能挖掘发展潜力的经济体。我们需要从过度依赖投资转向由消费引领的经济发展模式，推动中国企业从世界工厂向技术领先国家迈进，加强环境保护，确保经济发展的可持续性，保持金融市场的稳定和健康发展，推动人民财富持续增长，达到中等收入国家水平，同时削减贫富差距。

最后，用系统思维大师德内拉·梅多斯（Donella Meadows）在她的著作《系统之美：决策者的系统思考》中的一段话作为总结："让我们面对现实吧，大千世界是混乱不堪的。它是非线性的，狂躁不安，又动态变化；在某一个瞬间，它是一种状态，但到了下一个时刻，它又是另一种状态。谁也不知道它要到什么地方去，根本无法精确地测量，也算不出平衡点。它是自组织的，始终处于进化之中。它同时演化出了多样性和统一性。正是由于这些原因，我们所处的大千世界才如此变化万千，异彩纷呈。"①

---

① ［美］德内拉·梅多斯. 系统之美：决策者的系统思考［M］. 杭州：浙江人民出版社，2012：255.

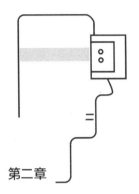

第二章

技术迭代与全球化

吴晨精进 · 木木画书

If it works, it is obsolete.
Yesterday's rules won't work today.
　　　　　　——John Boyd

管理时刻需要迭代。

苹果 TV＋，开启流媒体乱战时代？

2019 年 11 月 1 日，苹果正式推出流媒体电视苹果 TV＋，还一口气推出了四部剧集，加入了美国日益拥挤的流媒体赛道。

在苹果加入竞争之前，流媒体领域已经出现了几大巨头。网飞可以说开启了流媒体时代，亚马逊则是率先加入战团的互联网巨头，苹果成了第三个吃螃蟹的。

自从 2013 年播出电视剧《纸牌屋》开始，网飞异军突起，硬生生在传统影视巨头的眼皮底下，在流媒体领域杀出了一条血路，亚马逊随后加入战团也斩获颇丰，一向对"新赛道"犹犹豫豫的苹果没有在第一时间跟进。

针对苹果这一次在流媒体领域加大赌注的选择，评价仍然是多面的：苹果的原创内容并没有给人眼前一亮的感觉，而苹果 CEO 蒂姆·库克在推广流媒体内容时所强调的,苹果要讲出"能够相信的故事,有意义的故事",也让人觉得失之空泛。不过,苹果的选择还是给市场传递了一个强烈的信号:流媒体日益成熟,未来必须依靠内容来加强与消费者的连接。

流媒体的崛起与不少商业科技方面的新鲜元素有关,比如说体验经济、订阅经济、数字资产,以及消费从有形资产到无形资产的转型等,这些都是理解巨头在数字经济时代从内容到模式上的各种商业创新的一面镜子。

网飞经济学

流媒体赛道中,走在最前列的无疑是网飞。它在内容(剧集和电影)上投资最多,同时也采用完全依赖订阅的商业模式。网飞在美国标准订阅套餐的月费已经上涨到了 12.99 美元,2019 年 4 月在全球的订户超过 1.67 亿个。

通过大数据了解用户的偏好,以用户的偏好来选择拍摄什么样的剧集,变搜索为推荐,把算法认为合适的剧集推送给合适的人群,让即使小众的电视剧也仍然能够找到一定规模的用户,从而确保收益……这些都是网飞投资 2 亿美元开拍电视剧《纸牌屋》之后开启并不断进化的商业模式。

网飞的首席内容官泰德·萨兰多斯(Ted Sarandos)曾经说过的

"我们的目标是快速成为 HBO①,而不让 HBO 赶上我们",就表达了这种在内容上赶超、在大数据分析上领先的思路。他强调网飞需要在影视内容的丰富程度和以获奖数量衡量的艺术成就上,迅速赶上有几十年积累的 HBO,但同时需要在了解用户需求、积累数字资产上,把 HBO 远远甩在身后。

网飞的发展的确如萨兰多斯所预测,电视剧《纸牌屋》的第一季就赢得了艾美奖和金球奖,而 HBO 的东家 AT&T(美国电话电报公司)却在几年前才推出流媒体平台 HBO Now,而且并没有认真投入,不愿意与网飞做明显切割,完全放弃收取网飞重播老剧集所需支付的巨额费用,从而给了网飞宝贵的发展机遇。网飞之所以能够吸引用户,并不只是依赖自己的原创剧集,重播经典也是吸引用户的重头戏,比如重播《老友记》这样 20 世纪 90 年代的重磅剧集。

2019 年 AT&T 终于决定于 2020 年推出其全新打造的 HBO Max 平台,并把热播剧集《老友记》从网飞上下架,才算是与网飞彻底切割,此时距离电视剧《纸牌屋》所开创的流媒体时代的到来,已经 7 年有余,网飞也早已培养出大批拥趸。而今的流媒体平台已经不再是网飞一枝独秀,而是群雄逐鹿的战场,而苹果加入战团,无疑会加快市场的洗牌速度。

---

① 总部位于纽约的有线电视网络媒体公司。

获奖也能帮着卖鞋

亚马逊的路数与网飞大为不同,因为亚马逊的流媒体业务与亚马逊的会员服务(Amazon Prime)深度捆绑,定位为服务电商核心业务的润滑剂。

亚马逊选择推出流媒体业务,一个很大的原因是亚马逊老板贝索斯骨子里是一个跨界者。他小时候最喜欢读科幻小说,在 2009 年的一次航天界的颁奖活动上,贝索斯宣布自己拯救了一部被 Syfy 频道(科幻频道)砍掉的宇航题材的剧集,并把所有演员和主创人员邀请到现场助兴。

亚马逊做流媒体业务虽然最先是为了满足老板的喜好,但贝索斯的爱好只是亚马逊试水流媒体,推动亚马逊跨界到全新领域的触媒。当亚马逊仔细思考如何定位自己的流媒体的时候,它在美国在线零售业的支配地位和它在线零售的独特的商业模式,自然也就影响到了它的流媒体发展的模式。

亚马逊 2005 年推出会员服务的时候,最大卖点就是提供两天内免费送货服务。当年贝索斯就强调,会员服务必须要足够贵,要让人有种消费得足够多才能把会员费赚回来的念头,所以年费被定在 79.99 美元。这被证明是贝索斯最明智的选择之一,也成为全世界最大规模的行为经济学的实验。1 亿人成为亚马逊的会员,而成为会员的消费者,在亚马逊上的年均消费超过 1400 美元,是非会员的 2 倍多(非会员平均只消费 600 多美元)。

贝索斯当然希望能够不断给自己的订阅经济增加一些润滑剂,流媒体的剧集和电影就扮演了这样的角色,它在吸引用户眼球的同时,也让他们不需要再去思考,为什么一年要花 79.99 美元成为会员。贝索斯希望,在用户可能就会员费锱铢必较的时候,一部好的剧集能让他们觉得物有所值。而亚马逊会员的续订率高得出奇,一年的续订率为 95%,两年更高达 98%,在订阅经济中是超高的水平。这也意味着亚马逊的 1 亿用户,每年开年就给亚马逊带来至少 76 亿美元的现金流,它拿出其中的一部分拍摄剧集根本不在话下。

所以,虽然亚马逊与网飞在了解用户上有很多相通之处,但是两者进入原创内容市场的目的却全然不同。网飞希望开发出丰富多彩的视频内容,甚至做到视频内容的千人千面,根据对用户喜好的洞察而为其推荐最合适的内容;亚马逊则完全不同,在早期"触电"的时候,贝索斯曾经说过的一句话——"如果我们赢得金球奖,那一定能帮我们卖出更多鞋子"——就清晰点明了其流媒体业务与主业的关系。

随着大数据分析的深入,亚马逊希望自己的视频内容能够与现有的亚马逊会员人群——大多数是都市中产——的品位高度重合,甚至能够帮助亚马逊挖掘更多潜在的会员。亚马逊衡量剧集效果的指标也很简单:那些注册试用会员的新用户,在看了线上推荐的某一剧集之后,选择订阅的比率。那些对订阅帮助不大的剧集,哪怕是赢得了金球奖这样的重量级奖项,也照样会被砍档。

苹果的"价廉物美"？

史蒂夫·乔布斯一直强调苹果的产品需要在艺术与科技的十字路口寻找灵感。乔布斯领导下的苹果能够不断创造出让消费者眼前一亮的全新品类，而且通过设计感收获很高的品牌溢价。

此番苹果推出 TV＋，给人的感觉却完全不同，原本是高科技领域领导者的苹果，现在似乎正试图采用廉价策略（每月 4.99 美元的订阅费）进入一个已经日益拥挤的赛道，而不是开创全新赛道。

当然，加入赛道仍然有它背后的商业逻辑。一方面，TV＋将增强苹果与其硬件用户的黏性。每个新购买苹果手机或电脑的用户都能够享受未来一年的免费 TV＋服务，这或许会成为在苹果手机销量增速下降甚至负增长的时代，苹果更深入捆绑用户的做法。如果 TV＋的内容足够吸引人，甚至可能推动老用户提早更换手机，在很多成熟市场，用着三四年前的苹果手机的大有人在。另一方面，这也标志着苹果清晰地认识到在这一从售卖商品向提供服务和体验的大转型中，苹果需要摆脱对硬件的依赖，而苹果所创建的生态圈及它对用户的理解，也有助于它为用户提供更好的服务。

仅仅从刚刚推出的几部剧集，还很难判断苹果 TV＋未来的发展前景。但有一点是可以肯定的，苹果的加入会进一步推动美国视频内容创业进入黄金时代，对制片人、导演和各路演员而言，这都是一个巨大的机遇期，甚至并不引人注目的编剧也变得炙手可热。

编剧在好莱坞总是边缘角色,比起制片人、导演和演员,似乎等而下之。在好莱坞大片当道的时代,因为大预算都花在拍摄大片和续集上,编剧的创造力更被大为限制,情节趋于模式化,电影日益依赖特效。

但是随着在线流媒体的崛起,原创电视剧井喷,这似乎给了编剧们一个发挥自己才艺的最佳空间。与 2000 年相比,原创剧本的数量到 2016 年翻了 1 倍多,增加到了 455 个,2019 年更是刷新了纪录。苹果加入战团之后,果然财大气粗,第一部剧集《早间新闻》(*The Morning Show*)就有因《老友记》剧集走红的女星珍妮弗·安妮斯顿的加盟,每集制作费用高达 1500 万美元。在另一部很有名的美剧《致命女人》(*Why Women Kill*)中,一名编剧的剧本卖出超过 100 万美元的高价,这也从侧面描绘出这个内容井喷时代的"纸醉金迷"。

不过,已经有人清醒地提问:美国视频内容的蓬勃发展是否正在吹起另一个泡沫,是否很快就会到 Peak TV 的时代,也就是流媒体内容让人目不暇接的时代?

这种内容的急剧膨胀一定意味着急剧拥挤的赛道很快会物极必反。一方面是用户面临海量的内容可能会患上"选择困难症",因为每个人每天都只有 24 小时,当内容日益丰富的时候,吸引用户的眼球就将变得越来越难。另一方面影视从业者虽然因为财大气粗的巨头加入而在前端赚得盆满钵满,但美国影视业的长期健康却可能受损。《老友记》这样的经典剧集能够给制片人带来持续的收入,是因为重播带来的的收益颇丰，但当新片已经让人目不暇接的时候，老片子还能吊起多少人的胃口？

这也是为什么在吹起大泡沫之后，可能到来的是行业的整合。苹果 TV＋很可能是苹果在流媒体领域的一次试水，以苹果雄厚的现金实力，它并不需要自己的流媒体服务一炮打红，但它可以在充分了解游戏规则和搅动市场之后，将强者收入囊中，加固自己的护城河。当然，作为消费者，在视频盛宴的时代，抓紧享受，想不暴饮暴食都难！

优步晴雨表

优步在美国当地时间 2019 年 5 月 10 日上市,开盘当日就跌破发行价,以发行价 92％的价格收盘,给那些希望在大批独角兽上市后进行收割的投资人泼了一盆不小的冷水。优步作为晴雨表,其过去 10 年的成长经历折射出全球资本市场,尤其是以私募资本为主导的创投产业的发展历程。作为颠覆者,优步的确把出行市场搅了个天翻地覆。但现在优步不惜血本地烧钱巩固市场份额和不遗余力地投入研发创新科技的商业模式,却要开始接受资本市场的大考。优步此次上市融资 81 亿美元,以它目前每年亏损超过 20 亿美元的速度计算,仍然有足够的资金继续玩烧钱游戏。但如果赢利仍没有时间表,而且增长日益放缓,那么它到底能拿什么来取悦市场?

跳开商业模式本身,优步因矛盾重重而引人注目。成千上万司机为优步服务却不被认为是它的员工，算法变成了无形的老板，驱使这些司机行动，优步重新定义了共享经济的劳资关系。

从匹配出行开始，优步勾勒出万亿美元的出行市场及其在连接消费者与消费场景上的巨大潜力，其颠覆和创新成就也不可限量。所以，把优步称为数字经济时代的新图腾也不为过。

独角兽收割不易

优步是独角兽的代表，也是在私募资本市场上估值最高的独角兽之一。独角兽是资本市场给估值超过 10 亿美元的非上市公司创造的名字，随着这个名字被传开，私募资本催生的独角兽越来越多。

优步过去 10 年的起伏，是为私募市场的发展所做的脚注。按创投原本的逻辑，上市是资本退出最好的方式，尽快上市也就成了企业和资本不言而喻的目标。独角兽的发展改变了这一切。几年前甚至出现了一种论调，独角兽并不急于上市，因为它们根本不缺乏融资的渠道。

2008 年金融危机之后，欧美国家持续采取量化宽松货币政策，的确推动了更多资本进入私募资本市场，谋求更高的收益。优步在过去 10 年从私募市场和债券市场募集了 250 亿美元的资本，就是最好的例子。曾几何时，甚至有评论者担心，独角兽迟迟不上市，会使全球资本市场产生巨大的扭曲。其主要观点有二：

第一，股市是公开市场，普罗大众都可以参与股市，享受企业成长所带来的高收益。如果高科技独角兽企业长期不上市，那么它们的成长就将成为私募投资机构的禁脔。换句话说，独角兽长期不上市会加剧财富分配效应。因为私募市场有很高的进入门槛，有钱人因为有资本也有关系投资独角兽而变得越来越富，所以独角兽迟迟不上市无疑会扩大贫富差距，加剧财富分配的不平衡。

第二，对独角兽的追捧代表了一种新的挣快钱的"拜金主义"。独角兽兴起的这一轮移动互联网浪潮与之前有着很大的不同。之前硅谷的创业者以极客为主，最早以惠普的两位创始人为代表，接着又以乔布斯为代表。这一波创业的浪潮，弄潮儿已经不再是技术男，而是本应该在华尔街做交易的那群希望挣快钱的人。受到硅谷追捧的也不再是真正的创业者、管理者、发明者，而是能挖掘独角兽的伯乐型投资人。天使资金催生的独角兽文化，勾引出太多人的贪婪之心。硅谷就是被快钱颠覆的典型，就像是一个"香蕉共和国"（Banana Republic），一边是富可敌国的新贵，另一边是与日俱增的无家可归者。

过去三年，独角兽的热潮开始有冷却的迹象。优步又是代表。2016年最后一轮私募融资时，优步的股价是每股48美元，2019年上市时的发行价只有45美元。这意味着三年前参与融资的私募资本三年内不仅一无所获，而且可能要割肉离场。独角兽2019年扎堆上市也凸显了市场情绪的改变，私募资本已经无法提供源源不断的弹药，股市可以吗？

问题仍然聚焦在独角兽的商业模式上。此前的成功者如谷歌、Facebook、亚马逊或者阿里巴巴、腾讯，都成功划出了自己的"杀戮地带"，构建起强有力的准入壁垒与可以支配的生态圈。后来的独角兽能紧随其后吗？优步至少需要回答两个问题。

第一，烧钱能烧出市场份额，但是烧钱能烧出市场准入的高门槛吗？优步勾勒出了一个万亿美元的全球出行大市场，美国市场占据了其中最大的份额。但这并不能阻止优步的对手Lyft（来福车，打车应用）在美国市场与优步进行持续竞争。Lyft早优步一个月上市，也储备了40亿美元的新融资，做好了打持久战的准备。出行市场的门槛到底有多高？放眼全球，新的初创企业，无论是共享单车这样解决中短程接驳问题的服务商，还是准备大举投资出行车队的主机厂，进入出行市场的玩家不是更少，而是更多。

第二，优步是平台吗？这也是一个非常重要的问题。平台经济是移动互联网企业讲得最多的。社交媒体就是平台，一边对接消费者，另一边对接广告商，注意力是交易的商品。优步也认为自己是平台，一边对接消费者，一边对接司机。可如果优步是有效的平台，为什么它还要既补贴消费者，又补贴司机，才能不断壮大呢？至少优步不是出行领域内唯一的平台。消费者对它没有产生完全的依赖，司机也是狡兔三窟，同时在多个平台上接单。这样缺乏消费者黏性也缺乏独占性的"平台"，潜力到底如何？

劳方的缺位与失语

优步上市当周,优步的司机在全球范围内组织了罢工抗议活动。这已经不是优步的劳方和资方之间发生的第一次冲突。

应该说,优步开创了零工经济这种新的组织形式。按照优步的初衷,它希望让有车族能够在需要的时候打打零工,通过开车补贴家用。因此它一直不把司机视为自己的员工,而把他们定义为独立个体运营户,从而免除了一大块为司机提供医保和社保所产生的成本。零工经济中的所谓"自由劳动者"与服务平台之间到底是什么关系?当这些"自由劳动者"把为优步开车作为主要的收入来源之后,这种劳资关系是不是发生了改变?针对这些议题,司机和优步在美国打了好几场官司。

优步上市前遭遇的抗议,焦点已经不再是优步是否应该把司机当作员工,而是优步该如何善待司机。司机提出的几条要求也很值得思考,在数字经济时代,劳方是不是已经陷于失语状态?劳方和资方到底应该怎么协作,才能实现一种新的平衡?

司机的第一项要求是,推选出司机代表,并使其与优步的管理层对话,让优步的管理层能够听到司机的心声。他们提议成立有司机代表参与的咨询委员会,定期与优步的管理层沟通。

对比一下优步和其他那些雇用了大量底层劳动力的企业,我们不难发现,优步和其他企业之间有一个巨大的区别。麦当劳的历史上有过从在门店做汉堡的店员成长为麦当劳 CEO 的成功例子。麦当劳要求管理层每年都至少要在门店里工作一天，熟悉业务。创建沃尔玛的山姆·沃尔顿(Sam Walton)，平时做得最多的就是到全美各地去巡店，了解一线员工的心声。相反，优步似乎没有任何规定，让管理层每年至少去开一天车，了解自己的核心业务和成千上万司机的生活。优步并不把司机当作员工，可能也是它的管理者超脱的理由之一。当然，在算法当道的数字经济时代，司机和优步的唯一关联来自 App，老板体贴下属似乎失去了现实意义。按照一位美国优步司机的说法："我们头上没有老板，在头上管我们的是手机。"

司机的第二项要求是希望能增加收入。优步给出的数据是，美国的优步司机平均每小时的收入是 23 美元，比每小时 15 美元的最低工资要高出不少。但优步的司机并不满意，因为 23 美元是司机的毛收入，剔除油费、保险费、保养费和汽车的折旧成本，优步司机的工资与最低工资相差无几。一方面优步持续给司机补贴是它不断烧钱的原因，另一方面司机们又抱怨自己只能勉强维持温饱，这笔账到底该怎么算？

对于这一问题，司机们也很疑惑。所以他们提出了第三项要求，希望提升优步的透明度。对司机来说，不透明的地方太多，一桩很小的用户投诉就可能会导致优步单方面解约。司机希望双方违约的规定更透明。优步的算法也常常被抱怨，一方面司机被要求按照算法建议的路线行进，另一方面算法给乘客开出的价格与司机的分成常常差别很大，优步赚取的差价不透明。优步高峰期的算法和分配方式,司机也觉得有问题,高峰期间自己的收入并没有像优步宣传的那样成倍增长。

司机的要求体现了优步正身处两难困境。一方面,要继续成长,就必须提升打车出行的需求量,涨价(除了高峰期之外)只会降低这种需求,或者迫使更多人选择其他出行方式,所以优步只能保持低价策略。另一方面,上市之后,资本市场可能希望更快看到赢利,优步会有更大的动力去剥削司机,但这只会导致更多司机的抵抗。

司机最大的困惑,同样也是部分市场人士的困惑,就是既然优步当前最核心的技术是匹配出行的算法,那么为什么不开发出更好的算法,增强用户黏性,提升出行匹配的贴合度,减少司机的空驶时间,创造更多的价值? 这样,即使优步提取车费的 20% 作为提成,大多司机仍然能拿到更高的收入。

换句话说,如果优步仅仅是一个专注于出行匹配的公司,它是不是会给乘客和司机提供更多价值? 为什么优步要投入那么多资源去投资无人驾驶和飞行汽车这样的黑科技? 或者说,它是不是应该学习谷歌? 后者把搜索的主业从所有其他创新业务中分拆出来。

优步现象

优步作为一家上市公司,将开始新的一轮与资本市场、与劳动力市场的博弈。但不能否认,优步作为过去 10 年颠覆传统行业的移动互联网企业代表，值得被仔细梳理。因为这种破与立，代表了未来商业创新的各种可能。

在与劳方博弈的过程中，优步利用技术做了不少创新。可变汽车保险就是一个例子。在运营过程中为司机和乘客提供安全保险，是优步商业模式的重要一环。但是传统的基于运营车辆的保险显然无法满足优步对成本控制的要求。优步与保险公司一同设计了一种分布式保险：当优步的司机打开 App 开始接单，会开启最基本的保障；司机接单后去接乘客的路上，保险等级自动提升，因为这时司机已经进入了运营状态；从司机接到乘客之后到乘客下车前，保险进入最高等级。这种基于行驶状态的保险创新，是数字经济的特色。

优步的高峰动态定价系统，也为经济学家研究价格对供求关系的影响提供了非常好的数据。经济学家很喜欢生活中的"自然实验"，即通过一个关键变量的变化来研究经济现象。优步高峰定价系统的设计基于最基本的供求关系理论：当出行需求激增的时候，比如说周五的傍晚，如果提高价格，一方面会增加供给，因为更多的司机会因为受到运营单价提升的刺激而上线接单，另一方面则会降低需求，推动价格敏感度高的客户选择其他的出行方式，结果是使出行更高效。优步的设计在实践中是否真的可行？

2015 年的跨年夜就给出了一个经济学研究的样本。成单率和平均等待时间是衡量优步高峰动态定价系统是否能提升出行订单效率的两个关键指标，如果成单率高而且平均等待时间很短，证明高峰动态定价系统有效。在 2015 年的跨年夜,凌晨 1 点 15 分到 1 点 45 分的半小时时间内,纽约市优步的高峰动态定价系统出了问题,并没有按照算法的建议大幅度提价。结果在那半小时内,平均等待时间从 2 分钟一下子飙升到了 8 分钟,而成单率却从 100% 暴跌到了 20%。价格变化带来的供求关系的变化的确明显。

优步还引发了对大都市整体出行规划的思考。到底应该公交出行优先,还是鼓励更多共享出行,推动道路空间和车辆利用的最大化?抑或是应该鼓励公交、私家车、单车出行的无缝连接?这一系列问题的提出,就已经拓展了大都市出行拥堵问题的外延,让更多领域的专家加入到讨论中去。

美国的许多大城市,因为总是采用摊大饼式的布局方式,城市总面积很大,人口密度却不高,故而一直在发展公共交通的问题上左右为难。优步提出了新的可能性——比如共享巴士,优步的出现也给当地的公共交通带来了新的竞争。欧洲的一些城市则在思考如何在不同交通工具之间便捷换乘,甚至设计一站式规划出行,有效节约通勤时间。这时优步就成了很好的合作和数据分享平台。大城市拥堵病的研究者也发现,虽然早期优步的确增加了社会车辆的使用率(有私家车的白领在上下班时开顺风车挣点零花钱),但是随着越来越多依赖优步谋生的专职司机的出现,高峰期运营车量激增,优步不仅没有减少大城市的拥堵,反而添堵。

优步更给大城市的监管上了一堂课,尤其是给各个城市的出租车带来了巨大冲击。例如,因为有特殊经营权,纽约市经典的黄色出租车运营牌照曾经被炒到上百万美元。锒铛入狱的特朗普前私人律师迈克尔·科恩（Michael Cohen）就因和岳父一起炒出租车运营牌照赚到了一桶金——他们在9·11之后从锡克族司机手中低价买了许多牌照（当时锡克族司机因为包头巾，被很多人认为是穆斯林而备受打击）。但是到了2019年科恩需要缴纳大量罚金的时候，他积攒的运营牌照已经卖不出多少价钱了。

最后，优步也开启了一项史无前例的"人＋机器"的实验。伦敦出租车司机在优步出现之前要受到严格的训练和考试，见习司机要经过三年的实践，走过伦敦的大街小巷，对城市路线耳熟能详，最后通过考试才能拿到执照。研究者对伦敦出租车、巴士司机的大脑进行检查之后就发现：经验老道的出租车司机，大脑的海马体比常人发达很多，意味着他们对空间的识别能力和导航能力特别强；相反，伦敦的巴士司机却没有特别发达的海马体，因为巴士司机每天都在固定的线路上驾驶。伦敦出租车司机每天都在寻找新的目的地，查看新的路线，获得新的反馈，因而他们的大脑不断受到训练。

优步的司机却没有经过任何认路的训练，也没有机会去锻炼自己大脑的空间识别能力。相反，他们更像是按照机器指示行动的"人肉机器人"，因为优步更希望他们严格按照算法给出的建议接单，按照算法规定的路线行驶。优步投入巨资研发无人驾驶技术，因为在他们的这场"人＋机器"的大实验中，人已经成为最薄弱的一环。

纪录片《美国工厂》犯了哪三个错？

奥巴马夫妇在网飞纪录片《美国工厂》播出后引发热议。影片以中国民企福耀玻璃工业集团股份有限公司（以下简称福耀集团）在美国开厂为主题，关注美国制造是否能够依赖外国投资重振的话题。国内很多评价聚焦在这部影片所反映出的中美企业文化的冲突上，我却觉得它至少犯了三个错。

第一个错，以福耀集团美国工厂的美国工人谋求组织工会为纪录片的主线，使得这部纪录片明显失焦，浪费了探讨更为重大主题的机会，也让整个影片的人物刻画——无论是美方的管理层、中方的中层还是美国的普通工人——缺乏深度和连贯性。

福耀集团在美国建厂，在美国人，尤其是美国政策制定者看来，意味着什么？已经去工业化的美国是否能够重振美国制造，而这一重振的过程中是否可以依赖外国投资？但更重要的是，这样的投资、这样的重振美国制造的努力，是否能让这一代和下一代美国的蓝领工人重新过上中产的生活？这才是最重要的命题。

显然，这一命题的答案是否定的。福耀集团在美国中西部铁锈地带①的俄亥俄州代顿市所建的工厂，用的就是 2012 年通用汽车废弃的工厂的厂房。在给予福耀集团不菲的税收优惠以吸引投资的俄亥俄州地方政府的眼中，外资工厂可以帮助那些在通用汽车厂关闭过程中失业的工人，可以给他们带来新的工作机会。

问题是，福耀集团并不是慈善机构。它选择在美国建厂固然是为了拓展市场，就近为美国的汽车制造商提供玻璃，希望跻身全球汽车行业重要的供应商之列。在全球化的努力之下，它更清楚，它必须让在美国的工厂和在中国的工厂一样有竞争力，这也意味着美国的工人也需要和中国的工人一样有竞争力。在依赖价廉物美起家的中国民企的眼中，竞争力可以有不同的解读，但归根结底，工厂需要有效率，同时能够赚钱。

如纪录片《美国工厂》所记录的，福耀集团一开始的想法，是希望利用美国人组成的管理层创建一种让美国工人理解的企业文化，把美国中层骨干派到中国来，向他们灌输福耀集团的管理文化和流程，同时输出大量精干的中方技术骨干，在美国工厂推进福耀集团

①　最初指美国东北部五大湖附近传统工业衰退的地区，现可泛指工业衰退的地区。

的管理模式的落地执行。

但福耀集团一系列的做法，比如对安全的专注度不够，特别强调员工的执行力，甚至希望把中国"996"的企业文化带到美国来，注定它的移植努力会失败。经过了两年多的试错，曹德旺在影片的最后也基本承认了至少需要在两点上改弦更张：第一，要多招些年轻人，而不是依赖那些下岗的蓝领工人；第二，自动化。在片尾，机器取代工人已经成为在美中方管理层的选择，他们明确表示，美国工人速度太慢了，换句话说，他们承认用中国方式来培养"有效率的"美国工人，失败了。

其实，这不只是在美国直接移植中国模式的失败，更重要的是，即使福耀集团未来能给当地创造更多的就业机会，这些机会也不属于那些最需要机会的上一代下岗的美国工人。这个清晰的事实，在纪录片中却被对工会斗争的过度关注所稀释了。

本片犯的第二个错，是依然顺着既定的思路，继续去追问工会是否是保证美国蓝领工人重新过上中产生活的途径的老问题。影片给人的感觉是，只要有工会，就有机会让福耀集团的美国工人过上更好的生活，可以让他们不用担心安全问题，可以增加他们工作的安全感（也就是不用担心被裁员）。但是，美国工会的影响力已经大不如前。

事实上，福耀集团的美国工人自己选择了不成立工会（六成的工人在是否组织工会的投票中投了反对票）。虽然这种选择部分归结为福耀集团花了100万美元聘请的人力资源顾问的功劳，但这些顾问的作用可能更集中在将福耀集团的声音传递得更清晰，也让工人更清楚自己的处境。因为对于大多数没有受过高等教育的蓝领工人而言，有工作比参加工会重要得多，因为参与工会可能导致他们失去一份稳定的工作。

纪录片《美国工厂》开篇就拿一个在通用汽车厂工作了15年的老工人的工资说事。在通用汽车厂，他的时薪是28美元，福耀集团开出来的只有12美元，不到通用汽车厂的一半。是曹老板抠门吗？不是。一本讲述另一个通用汽车厂关闭后工人遭遇的书《简斯维尔》就给出了很详实的案例。

在简斯维尔这样美国中西部的汽车城（和代顿市很像，但代顿市更大些，也更多元化一些），通用汽车厂装配线上的工作岗位一度是工资最高，也曾经是工作稳定度最高的岗位。而与之相比通用汽车厂周边的配件厂，工人工资就少了很多，可能是 2/3，也可能只有 1/2，而且工作的稳定度也要差不少。所以美国小镇青年的梦想一度是进通用汽车厂打工，但并不是每个小镇青年都能圆梦。如此算来，福耀集团作为汽车供应商，而且是议价权并不那么大的供应商，开出不到通用汽车厂 1/2 的工资并不算低。而且通用汽车厂关门带来的大量失业，也让劳动力供求关系发生了巨大改变。

所以，是否成立工会，在福耀集团在美国开厂所经历的挑战中，应该与如何理解并遵从美国有关安全生产、劳工保护、环境保护等领域的法律法规一样，是福耀集团作为一家初来乍到的中资企业需要面对的。甚至可以说，这是博弈中挑战并不大的一个。毕竟，日本汽车厂早在 20 世纪 80 年代进军美国就开辟了工厂不组织工会的先河。在美国南方，日资新工厂因为没有工会而带来的低工资优势，是它们压垮"底特律三雄"（福特、通用、克莱斯勒）在铁锈地带的老工厂的稻草之一。因为时间久了，与日资工厂蓝领工资的差距必然导致铁锈地带工人日益缺乏竞争力。

谈到这儿，就不能不抛出我所认为的纪录片《美国工厂》所犯的第三个错误。既然探讨的题目是美国制造业是否能重振，这部纪录片应该以中资在美国投资建厂为一个个案来深入探讨这一论题，比如应该怎么去看待福耀集团给代顿市带来的工作机会？

其实它已经做了一些思考，只是这些思考并没有在影片中系统地去呈现，这些问题被简化为中美企业文化和中美蓝领职工的差异展现了出来。中资企业的管理我们不陌生，"996"的工作方式，周末惯常的加班，员工为了企业的成长而牺牲陪伴家人的时间，家长式的管理方式也以公司年会上的集体婚礼为代表，体现得淋漓尽致。

纪录片对因为美国式铁饭碗被打破（通用汽车厂工人的下岗）而被打碎的美国梦——通过努力过上中产的生活——倒是有比较清晰的呈现：比如，人的独立性丧失了，不得不寄人篱下（可能因为失业导致按揭贷款违约，房子被银行收走），睡在妹妹家的地下室里（当然，这种地下室比国内一些工人住的宿舍要舒服）；又比如，为孩子买双鞋，以前根本不用太担心，现在却要缩衣节食；还比如——这一点也被中国派来的中层管理者看在眼里——有的人不得不在福耀集团打工，还要再打第二份工补贴家用。影片里没有交代是谁，但是我们很容易想象，这可能是一个独自抚养孩子的母亲，也可能是少数族裔——影片中的黑人和其他少数族裔工人的出镜率非常高。

有了这一系列的对比，答案也很清晰。传统的美国制造业想要重振——如果这种重振是以其雇用的蓝领工人可以重新依靠劳动过上中产生活来定义的话——根本没有机会。因为他们所向往的中产生活，相对于从事同样工作的中国工人而言，已经是非常好的，甚至是奢侈的生活了。在一个全球竞争的时代，只要产品是全球化的，只要还有更廉价的劳动力供给，就不可能在美国重新再造一个蓝领的中产世界。相反，福耀集团在试错之后给出的答案会是一个更加自动化的工厂，在这样的工厂中，雇用的工人会更少，而蓝领工人在其中的占比也会更小。所以指望新资本进入美国的制造业来解决美国的蓝领失业问题及与其相关的一系列社会问题——吸毒、犯罪、贫困——那注定是无解。

纪录片在片尾的字幕上承认，过去 20 年，美国在对蓝领工人，尤其是失业蓝领工人的再培训上投入得太少了。这样一部美国前总统参与制作的影片愿意承认这一点，相信这是奥巴马对自己任内工作的检讨。《简斯维尔》就一针见血地指出：奥巴马政策高调，演讲感人，但是在实操层面却根本无法克服官僚体系的繁文缛节，没有将承诺的创造就业、保护劳工的政策贯彻执行，让简斯维尔的小人物灰了心。显然，纪录片《美国工厂》仅仅用这一行字幕轻描淡写地说明美国政策制定者的失职，是它最大的硬伤。

重返月球意味着什么？

1984 年的一天清晨，美国第一位进入地球轨道飞行的宇航员约翰·格林(John Glenn)一个人开车去了华盛顿美国国家航空航天博物馆。博物馆还没有开门，格林站在博物馆外，透过玻璃窗看他曾经乘坐过的"友谊 7 号"返回舱，说了一句很有意思的话："有时候，我在想，自己是不是犯了一个错？"

此时的格林已经是美国联邦参议员，正在竞选美国总统的民主党候选人，但是竞选很不顺利。他说这句话很有深意，好像在怀疑自己离开激动人心的航天事业、加入政界的这个选择是不是做错了。总统竞选是那么世俗、那么沉闷，完全不同于在宇宙中俯瞰地球。可以肯定的是，他在怀念那个敢于梦想、敢于做伟大的梦的时代。

格林怀念的是什么时代?就是20世纪60年代。1961年,苏联人尤里·加加林(Yuri Gagarin)成为第一位太空人;1969年,美国人尼尔·阿姆斯特朗(Neil Armstrong)成为第一个登上月球的人。人类探索的疆域一下子被打开了,似乎火星会是下一个人类征服的对象,而走出太阳系的太空旅行也可能只需要一代人就能实现。

那个梦想的时代其实就是野心的时代。

美国的阿波罗登月计划,给了20世纪60年代的那一代人以伟大的梦想和为追寻梦想而寻找技术突破的激情。阿波罗计划赋予一个国家的是,为了追寻梦想而以举国之力、运用集体智慧解决复杂问题的那种使命感。但阿波罗计划并没有如当时的人——尤其是科学界——所期望的那样开启人类探索宇宙的太空时代。相反,这个计划本身成了目标,让宇航员成功登陆月球并安全返回成了目标。达成目标之后,阿波罗计划也就被束之高阁,人类再也没有迈出过地球轨道。阿波罗计划勾起了一代人的太空梦,却又埋葬了一代人的梦想。

2019年,距离1969年阿姆斯特朗首次登月正好过去了半个世纪。《从0到1:开启商业与未来的秘密》的作者彼得·蒂尔(Peter Thiel)的一句话颇能描述阿波罗计划过去半个世纪后人们的沮丧:"我们想要的是飞行汽车,却等来了140个字符(指推特)。"

作为手段而不是目标的阿波罗计划

登月 50 多年之后,地球上发生了翻天覆地的变化:人口增加了 1 倍,经济总量增加了 300%,地球变得更加繁荣。但与此同时:每年二氧化碳排放量平均增加 140%,第一次工业革命之后排放的二氧化碳总量中的 2/3 是在过去 50 多年排放的;南极洲上空产生了臭氧空洞;亚马孙雨林有 1/5 遭到砍伐。显然,加速发展的经济和不断迭代的科技也给人类带来了巨大挑战,尤其以生态环境被破坏和全球变暖最为棘手。

因为人类的活动给地球带来了深刻变化,一些地质研究者认为,我们已经进入了一个全新的地质时代——人类世(Anthropocene)。那么,什么时候是人类世的开端呢?有专家认为,阿姆斯特朗登月是人类世最明确的开始。这是人类第一次登上地球之外的星体,地球与月球之间的关联很紧密,地球的地质年代与月球的也有着明确的关联。

大多数科学家认定,月球诞生于一颗火星大小的行星与地球的碰撞。作为人类世的开端,人类能够影响地球之外的一个星体,并在其上留下不可磨灭的痕迹,也非常有标志性。阿波罗计划在月球表面留下的痕迹,包括登月舱起落架、月球车、脚印、月球车的车辙印,以及人类的排泄物等。这些痕迹会长久地留在月球上,不会像在地球上那样被快速风化。

日益全球化的经济依赖两大基石:不断积累的资本和迅速的发

展。这也意味着人类的活动对地球的影响日益深远。有专家给出了一个量化人类影响的公式："人类的影响＝人口×富裕程度×科技变化"。随着人口的增加、平均富裕程度的提升，以及技术的变革，人类所产生的影响力也在快速提升。

恰恰是最近半个世纪人类活动对地球产生的深刻影响，让更多人意识到，重新拾起以阿波罗计划为代表的太空探索活动具有十分重大的意义。他们想象着把人类对地球产生影响的公式改变为"人类的影响＝人口×富裕程度÷科技变化"，把科技从分子变为分母，希望太空科技的发展能够减少污染，减少对资源的消耗。亚马逊的老板贝索斯就是持有这种想法的人的代表，他希望开启一个宇宙工业化的时代，把重工业都转移到太空中去，还地球清洁。

过去50多年，对宇宙的认知也让我们对地球面临的风险有了更深入的认知。月球上遍布陨石坑，而比月球大得多的地球受到袭击的可能性就更大。20世纪80年代之后，专家们基本认同恐龙的灭绝源于一场小行星撞击地球的大灾难。有更为完备的太空计划，对太阳系乃至之外的宇宙有更深的了解也就变得尤为重要。一位专家甚至说："恐龙之所以灭绝是因为它们没有太空计划，如果我们因为没有太空计划而灭绝，那真是活该！"

同样，出于对地球所面临的环保压力或者未来风险的担心，越来越多的人也希望在地球之外找到新的家园。宇航先驱康斯坦丁·齐奥尔科夫斯基（Konstantin Tsiolkovsky）就有名言："地球是人类的摇篮，但人类不能永远留在摇篮里。"当代私人航天的代言人、

SpaceX 的创始人埃隆·马斯克希望在有生之年让人类真正成为双行星生物,也因此把载人登陆火星作为目标。

把阿波罗计划作为手段,而不是目标,虽然迟到了半个世纪,却获得了新生。

太空探索的价值何在？

在重新唤起人类太空梦想的同时,仍然需要思考几个关键问题:为什么要探索太空？为什么要投资探索太空的技术？对于这些问题,至少有三个视角值得我们去关注。

第一个视角,太空给了我们一个新的观测点,可以让我们更超脱地去观察地球,也可以让我们进一步探究宇宙。全新的视角会让我们有新奇的发现。

在发射了哈勃空间望远镜之后,因为在太空不再有大气的干扰,人类第一次看到更清晰的宇宙图片。几乎所有第一次进入太空的宇航员,都会如痴如醉地趴在窗口,回望蓝色的星球,看飞速移动的大陆,看太阳的升与落。在宇宙黑色深邃背景的衬托下,我们的地球显得如此不同。只有在那一刻,你才可能去赞叹生命的美妙,同时也感慨生命的脆弱。

第二个视角,太空探索也能让我们去了解有关如何在太空生活的知识。

为了在太空中重塑适宜人类生存的环境,就必须"在螺丝壳里做道场"，循环利用各种资源。比如水就至关重要，尿液需要被循环利用。太空探索的一项重要命题就是找到冰，因为冰不仅是水源，还因能被分解成氢气和氧气而被进一步制成太空飞行的燃料。

在太空中生存，还需要去了解能够让一小群人长时间在封闭空间中合作生存的方法。因为可预见的未来太空探险，不是在太空舱或者空间站，就是在月球或者火星的基地，空间有限，人数不多，时间很长，与地球的联系会随着距离增加而越来越不容易。如果以现有火箭技术，往返火星的行程至少要两年的时间，而从地球向火星传输信息，以地球与火星之间的平均距离 2.25 亿千米计算，也需要12.5 分钟。

宇航员群体在过去 50 多年发生的最大改变就是，从大多数由试飞员（加加林和阿姆斯特朗都是顶尖的试飞员）组成，变成有更多科学家。如何让这两种人和睦相处很重要，因为科学家常常对试飞员出身的宇航员不屑。美国第一位进行太空行走的女宇航员凯瑟琳·苏利文（Kathryn Sullivan）是地球物理学家，她就曾经对一位试飞员说："你不过是我的司机罢了。"

通过很多在地球上进行的封闭模拟实验，研究人员已经发现，探索太空的宇航员不能只是飞行员和科学家两类人，还需要引进一些有着特定性格特征的人帮助团队成员进行更好的协作。比如，一个良好的团队需要一个领袖、一个社交秘书、一个会讲故事的人。最好既有内向的人，也有外向的人。而一个团队中最重要的角色并不是领袖，而是小丑。小丑不仅有趣，还很聪明，对小组的每个成员都有充分的了解,因而可以化解绝大部分因成员长期在密闭空间中密切接触而产生的紧张气氛,充当不同人群之间的桥梁。了解团队如何运作、团队何以会出状况,以及该怎样防止人际关系出现问题,将是决定太空探索成败的关键因素。

让更多女性成为宇航员也会增加团队的韧性。参与阿波罗计划的 24 名宇航员全部都是男性。苏利文发现,当她成为第一批女性宇航训练员的时候,以男性为主导的美国航空航天局(NASA)对女性的理解甚至远远赶不上对宇宙的理解。他们给女性设计了标准尺码的防火宇航内衣,但是不同女性的胸围和臀围都有所不同,当女性宇航员抗议了之后,美国航空航天局才同意为她们定制宇航内衣。

第三个视角则是关于人本身的,在微重力的环境中,我们的人体会发生什么变化? 在没有了大气层和地球磁场保护的环境中,人体可能会遭受到什么样的损害?

这是一系列的难题。

首先是辐射造成的身体损害。如果在月球上建设基地,如何规避辐射就成了大问题。科学家发现,在月球表面这样没有任何保护的外太空,宇航员有 13% 的可能会遭遇太阳质子大爆发这类大幅增加辐射的事件,这将增加患癌症的风险。他们有 5% 的概率会罹患辐射病,还有 0.5% 的可能直接因太阳辐射而死。1972 年 8 月就发生过类似的太阳质子大爆发事件,而在爆发前后四个月分别是阿波罗 16 号和 17 号登陆月球的时间,如果任何一次登月遇上了大爆发,宇航员根本没有生还的可能。

其次，太空探索对骨骼、肌肉、心肺都会有影响。人体在失重状态下会有很多奇特的表现。比如视力会模糊，但是老花的症状却能缓解；分不清上下左右，总觉得是头顶着地在倒立行走；体液不再受地心引力的控制，反而会加大身体中各种意想不到的地方的压力，比如说颅内压力。

孪生太空人凯利兄弟之间就进行了一次比较实验。哥哥斯科特·凯利（Scott Kelly）在国际空间站工作了一年多，弟弟马克·凯利（Mark kelly）则待在地面作为参照物。斯科特回到地面之后，研究人员对两人的身体数据进行了充分的对比。

结果发现，斯科特在太空逗留期间端粒变长了。端粒是细胞核中染色体末端的 DNA 重复序列，通常会随着细胞的分裂和老化而变短。斯科特体内与免疫系统相关的基因变得非常活跃，与 DNA 修复机制相关的细胞也是如此。另一个令人惊讶的观察结果是，斯科特的血液中存在大量线粒体碎片。线粒体是细胞内的微小结构，能从糖类中释放能量，一般只有在细胞受损或因压力死亡时才会进入血液。

好消息是在斯科特返回地球后不久，他体内发生并被记录下来的数千项变化几乎都恢复了正常。这表明健康的人体通常可以很好地从太空飞行的压力中恢复过来。

在微重力的太空还有很多未知的领域。比如是否能够成功怀孕生子？婴孩能否在微重力环境中成长？他们如果要回到地球又会面临什么样的挑战？这些问题都有待未来的太空探索去回答。

重返月球的意义何在？

重返月球的话题 2019 年再次成为热点。在中国嫦娥四号探测器于 2019 年年初成功登陆月球背面之后，美国副总统迈克·彭斯（Mike Pence）在同年 3 月宣布美国宇航员将于 2024 年重返月球。

和 50 多年前相比，重返月球的意义何在呢？

首先是太空探索领域的竞争格局将更加多元。50 多年前的登月是美苏两个超级大国之间的竞争，现在竞争的格局更为多元，竞争的焦点变成了如何更便宜、更安全地重返月球，同时如何将重返月球的经验更好地应用于未来探索火星乃至太空深处。

美国航空航天局在太空探险方面也有了全新的尝试，虽然阿波罗计划也曾经有上千家企业参与，但是火箭和飞船的设计完全由美国航空航天局完成。现在 SpaceX 和贝索斯的蓝色起源（Blue Origin）这样的私营航天公司已经参与到太空探索之中，美国航空航天局也习惯了向私营企业直接采购火箭和寻求解决方案。比如美国航空航天局总共向 SpaceX 的猎鹰 9 号火箭和龙飞船提供了 4 亿美元资金，并直接采用由猎鹰 9 号和龙飞船向国际空间站运送物资的解决方案。有专家预测，如果美国航空航天局自行设计全新的火箭和飞船，费用要 10 倍以上。

私营航天公司也开始考虑给出自己的解决方案。SpaceX 就有一套登月构想:一枚可重复使用的猎鹰 9 号火箭会先发射一个货仓,将装满燃料的登月舱(总计 8 吨的载荷)运送到低地轨道;另一枚猎鹰 9 号火箭会发射龙飞船,龙飞船与货仓在低地轨道汇合,宇航员从龙飞船进入货仓,货仓飞向月球并在月球登陆;宇航员完成月球探险之后,乘坐登月舱起飞回程,货仓将被留在月球,作为未来月球基地的一部分;登月舱返回低地轨道,与龙飞船对接,宇航员乘坐龙飞船返回地球。

与阿波罗计划的月球轨道汇合模式不同,SpaceX 的地球轨道汇合模式可以让飞船前往月球时载有更多用于建设月球基地的物资。SpaceX 方案的核心要素是使用可回收的火箭,让发射成本大为降低,同时增加更多可重复利用的模块,比如说还可以再发射一个或者多个 8 吨重的居住舱,与货仓对接,让宇航员前往月球的旅程更舒适。SpaceX 的方案,其实是希望拿登月做实验,为未来长途火星飞行做测试。

如果对比一下 SpaceX 的方案和美国航空航天局现有的方案,甚至会发现,美国航空航天局的方案太中规中矩,而私人航天公司的方案更雄心勃勃。

其次,月球也提供了各种为未来更广阔的太空探索做实验的试验场。

人们已经发现月球有冰。如果能够大规模开采使用月球上的冰,就可能为太空旅行提供燃料。专家预测,从月球上开采制造燃料并将其运送到低地轨道,成本大概是每千克 3000 美元。

在月球上采矿是另一种可能性。已故的美国天文学家、物理学家杰拉德·奥尼尔（Gerard O'Neill）就畅想在月球和地球之间的太空架设太阳能空间站，解决地球的能源危机。太空发的电可以通过微波传递到地面，而月球则可以成为建造这座太阳能空间站的原料产地。

谈到清洁能源，有人建议从月球灰尘中提取氦-3同位素。氦-3同位素是可以被用于通过核聚变产生清洁能源过程的一种原料，却没有放射性，100千克就能够驱动一座大型发电厂。不过，问题是从月球尘土中提取氦-3同位素太不容易，而且关于核聚变发电，人类还远没有掌握全部技术。

还有人希望能在月球上开采类似铂金这样的贵金属。月球每年遭受大量陨石袭击，很多陨石里就有大量贵金属。如果能有效开采，可能带来几千亿甚至几万亿美元的收入。当然把大量贵金属带到地球会因为供求关系的彻底改变而大幅拉低贵金属的价格，但专家认为这可以导致铂金的广泛使用，就好像当冶炼成本大幅降低之后铝被广泛使用一样。如果铂金很便宜，那么大量使用铂金的氢燃料电池也就会变得特别便宜，这同样会推动清洁能源的普及。

阿波罗计划之后，美国航空航天局因为没有在此基础上进一步探索太空而备受批评，很多人认为它浪费了那一代人对梦想的追求。同时，也有批评者常说："既然我们能把人送上月球，为什么我们不能……"

比如说为什么我们不能减少对地球的污染？为什么我们不能让地球上的每个人都脱离贫困？为什么我们不能阻止全球变暖？既然用举国之力可以完成不可能完成的任务，克服各种困难，为什么不能用举国之力去解决其他问题？是缺乏动力、缺乏资金，还是什么别的原因？

现在，我们知道，阿波罗计划的终止，既有政治的考虑（美国人率先成功登陆月球是美国在美苏争霸中胜利的标志），也有成本的考量（毕竟为了阿波罗计划，美国联邦政府最高投入了全年政府预算的 4.4%）。

现在新的野心被燃起，不只是因为有了新的需求，也因为有了更多的参与者，重返月球将只是第一步。

寰球炎夏，人类该如何应对气候变暖？

美国科罗拉多州民主党参议员蒂姆·沃斯（Tim Wirth）选择在华盛顿史上最热的一天举行听证会，听证会讨论的话题是全球变暖。沃斯听证会的效果超出预期，因为当天不仅华盛顿的气温高达39℃，北半球各地也是酷暑炎炎。为了让听证会更富戏剧性，沃斯参议员特意关上了听证大厅里的空调，相机镁光灯闪烁，大厅里热得爆棚。

在这次精心准备的听证会上，来自美国航空航天局、利用计算机模型研究气候变化的专家詹姆斯·汉森（James Hanson）作证说：二氧化碳的增加正在改变我们的气候。汉森的分析被全球各大媒体进行头条报道。

要说沃斯的听证会与汉森的发言发生于 2019 年夏天也不为

过。但实际上，这场听证会发生在 30 多年前 1988 年那个炎热的夏天。30 多年之后，气候变化再次成为社会各界关注的焦点。2019 年夏天几乎是全球告急，雅典山火造成上百人丧生，英国和荷兰经历了自 1976 年有记录以来最干燥的夏季之一，日本的持续高温导致 100 名老人丧生。

在过去 30 多年，百年一遇的炎夏变得两三年一次，百年一遇的飓风也变得两三年一次。1949 年以来，上海只经历了四次台风登陆，2019 年就有两次——台风安比和云雀，而且两次间隔不到两个星期。

应对环境变化的两条思路

美国科普作家查尔斯·曼恩（Charles Mann）在《奇才与先知》（*The Wizard and the Prophet*）一书中，把解决由人口激增和工业化带来的环保问题的思路总结为两条，他将一条喻为奇才，一条喻为先知。两者对人类面临的共同环境挑战都有清晰的认知，但是他们提出的解决方案却迥异。奇才强调对科学的信心，认为用科学的方法能够不断解决各种新生的问题。先知则强调人类和其他动植物没有本质的区别，太快速的繁衍会种下种族灭绝的因子，应该做的是尊重大自然的规律，了解大自然的总体实力，也就是环境承载力，从改变自己的习惯入手解决环境问题。

书中的奇才是诺曼·博洛格（Norman Borlaug）。博洛格是技术乐观派的代表，也是现代绿色农业革命的开创者，是墨西哥高产耐病虫害的超级杂交小麦之父。在转基因技术发明之前，从 20 世纪 40 年代一直到 20 世纪 60 年代，博洛格整整 20 年在麦田里亲力亲为，终于成功种植出超级杂交小麦。这种小麦麦秆短小结实、高产、能抵御当地最主要的病虫害，而且磨出面粉的口感很不错，更重要的是，这种小麦因为在墨西哥北、中、南三个地区都能够成长，所以几乎成为墨西哥通用高产小麦的代表，并在墨西哥得到广泛推广。

博洛格作为奇才，怀抱了一种理想主义的情怀：一方面他对墨西哥农民的赤贫处境十分同情，希望能够通过绿色革命的方式帮助大量的墨西哥人摆脱贫困；另一方面他对科学充满信心，认为只要推广科学方法，包括育种、灌溉和施肥，就能大幅提升农田的产量，满足急剧增长的人口的食品需求。

书中的先知则是威廉·福格特（William Vogt）。福格特是现代环保运动的开创人。与博洛格相比，福格特的经历更有戏剧性。作为一位自学成才的鸟类专家，20 世纪 30 年代，福格特被秘鲁政府请来研究海岛上海鸟数量大为减少的问题。

因为受到南太平洋季风和洋流的影响，秘鲁海岸降雨很少，外岛人迹罕至。之所以成为海鸟的天堂，就是因为这一带海域受暖流和冷流的影响，有大量的浮游植物，吸引了大批鱼群，也就吸引了大批海鸟的入住。因为干燥少雨，海鸟的粪便在海岛上积累了一层又一层。随着农业的发展，化学家开始意识到粪便之所以是肥料，是因为其中含有氮。秘鲁外岛上千万年积累下来的鸟粪一下子变成了天然富含氮的肥料，引来大批人来开采，还被运输到欧洲国家，秘鲁因此成为有机化肥发明之前最大的天然肥料供应商，贸易收入在秘鲁当年的 GDP 中占很大比重。

可是到了 20 世纪 30 年代，海鸟的数量骤减。福格特在海岛上住了几年，终于发现了整个生态变化的奥秘。每隔几年，干燥的秘鲁海岸都会在圣诞节期间迎来降雨，气候转暖，冷的海流被暖流所覆盖，浮游植物变少，鱼群也变少，大量海鸟无法在海岛附近找到足够的食物，越飞越远，有时候根本无法及时返回小岛。小岛上大批幼雏因为没有食物而饿死。海鸟数量骤减是因为幼鸟的夭折。福格特也是发现厄尔尼诺现象（气候变暖）给生态圈带来影响的第一人。1948 年他出版了《生存之路》，提出了从自我做起，尊重地球的承载能力的环保理念。

奇才和先知，分别从个体和地球两个层面，表达了对人类未来的两种截然不同的判断。

站在个体层面，奇才推崇个人的自主性，认为只要合理挖掘和使用科学技术，没有什么困难和问题人无法解决。站在地球视角，奇才则认为新技术层出不穷，人类完全可以胜任地球主宰这一角色。

先知的观感截然不同。从个体层面讲，先知认为，除非每个人都减少消费、控制人口的数量、限制自身的欲求，否则人类无节制的发展会对整个地球生态造成毁灭性打击，人也会和历史上其他很多快速繁殖的动物一样，最终迈向毁灭。而站在地球的视角，先知则认为地球的资源是有限的，人一定要尊重环境的局限性。

两种观点在价值观上也有很大的差异。奇才强调一种自上而下的专家解决问题的方式，先知则选择更贴近自然，去中心化，自下而上、从我做起地去组织化。

曼恩写《奇才与先知》的宗旨，并不是要力挺某一方的观点是解决未来环保问题的正确方式。相反，他不断在强调，奇才和先知双方都有他们的特点，而且可以说双方的观点是如何看待人与自然问题的两极，但两者的观点并不是不可调和的，而且无论采用任何一方开出的药方，改变世界都需要时间。两者之间的争辩，很大程度上已经不再是事实的纷争——二者都有足够的事实来证明自己观点的正确——而是价值观的纷争，而这种价值观的纷争主要集中在我们到底该怎么认知我们所处的这个地球，以及人类在地球上的位置。

二氧化碳与气候变暖

19 世纪下半叶第二次工业革命最重要的两项发明——汽车和电——正在深刻地影响着我们的环境，因为我们发电燃烧煤和开车消耗汽油，都在排放大量的二氧化碳。科学家发现二氧化碳是最主要的温室气体。全世界 85% 的二氧化碳排放量来自化石能源。

但是二氧化碳到底在多大程度上影响了气候变化，科学家至今无法给出一个精准的答复。以电力和汽车开始被应用的 1880 年为界，当时大气中二氧化碳的含量是 0.0280%，科学家 1958—1960 年两次在夏威夷的测试显示，三年间二氧化碳含量已经从 0.0313% 上升到 0.0315%。

到了 1988 年，也就是沃斯听证会之后，气候变暖一下子成为各方关注的话题，很多人都希望能预测，如果二氧化碳含量是 1880 年的 2 倍，也就是上升到 0.0560%，全球气温到底会增加几度。

联合国政府间气候变化专门委员会（IPCC）应该是这个领域内最权威的机构，它 2015 年预测，如果二氧化碳含量翻番，全球气温将上升 1.5～4.5℃。问题是，这一预测和 30 多年前的预测没有任何不同。换句话说，30 多年来，预测的准确度并没有提升。可问题是，气温上升 1.5℃ 和 4.5℃，给全世界带来的危害完全不同。

为什么气候这么难以精准预测？因为这是一个太过复杂的系统，即使以今天的算力，仍然没有一台超级计算机可以准确地模拟气候变化。从 2019 年台风云雀的走位就能看出这一点。即使在登陆前几小时，各国的天气预报机构都很难准确预测云雀的登陆地点。

原因是影响气候的因素太多，而且初始因素的细微变化都可能带来气候的巨变。"蝴蝶效应"最初就是被用来描述气候多变的词。1972 年麻省理工学院的气候专家爱德华·罗伦兹（Edward Lorenz）在一个气候会议上提问说："巴西的一只蝴蝶扑闪一下翅膀，会引发得克萨斯州的一场龙卷风吗？"他的回答是，说不定。

罗伦兹在 20 世纪 70 年代开发的针对气候变化的电脑模型也证明了这一点,初始变量的微小变化导致整个预测结果天壤之别。罗伦兹比喻说,就好像在纽博格林赛道做新测试,将时速从 100 千米每小时提升到 100.01 千米每小时,花了 1 倍的时间。罗伦兹的结论是,气候变化的随机性非常大。

对于罗伦兹的结论,有两种截然不同的解读。一些气候变暖的担忧者认为,二氧化碳是导致气候急剧变化的一个主要初始变量。二氧化碳的细微波动,会引发严峻的气候变化。另一些人则认为,大规模使用化石能源,是一场地球物理大实验,到底影响如何,恰恰因为气候的多变而无法预测。

不过不管如何,气候变暖的症候已经展现,极端气候就是一种表现。2019 年传播最广的一张照片是趴在狭窄冰块上的北极熊母子,北极附近地区出现了 32℃ 的高温,冰山融化,很多北极熊都很难找到一块栖身之地,这在哪怕几年前都是很难想象的。

根据联合国政府间气候变化专门委员会的预测,气候变暖如果造成南极冰原融化,再加上格陵兰岛和北极圈附近的冰山消失,到 2100 年,全球海平面将上升 9 米左右。海平面上升会带来多大损失呢? 另一调研机构统计,如果海平面上升 9 米,全球将有 136 座大城市被淹没,这些大城市现在已经有 5.5 亿人口。威尼斯正在建设的阻止海面上升的堤坝,已经耗资 61 亿美元。如果每个沿海城市都需要修建类似的堤坝,成本将非常高。

气温上升本身也会带来巨大的灾难。根据芝加哥大学气候影响实验室（Climate Impact Lab）的一份预测，假设到 2099 年全球气温增加 4℃，即使算上经济的发展和采取的各种相应措施，全球每年死于酷暑的人仍将达到 150 万，比目前每年死于交通事故的 125 万人还要多。像西雅图这样发达国家的凉爽城市和开罗这样发展中国家的热带城市受极端酷暑天气的影响最大。

全球变暖带来的灾害还有全球降雨越来越不平均，会有更多地方苦于干旱、更多地方苦于洪涝，全世界也可能遇到威力越来越强大的飓风。因为受到天气影响而发生的粮食减产将更频繁，洪涝飓风灾害带来的传染病疫情也将更严峻。

先知和奇才提出的应对办法

解决气候变暖问题，减少化石能源的使用是一个抓手，煤炭和石油成了两个聚焦点。煤炭贡献了全球二氧化碳排放量的 46%，汽油占了 33%。再仔细分析一下，会发现煤炭和石油还是有区别的。使用煤炭最多的是火电厂，全球大概有 1000 多个大型火电厂，如果能控制住这些火电厂的二氧化碳排放量，也就能减少全球二氧化碳排放量的至少 1/3。相反，汽油的使用要分散得多，大头是汽车，而全世界有 13 亿辆汽车，要为每台汽车装上减排装置，太难。以上的分析，很明显是奇才解决问题的思路：找到问题，分析问题，找到切入点，然后挖掘技术解决方案。为火电厂减排还能起到一石二鸟的功效，因为烧煤产生的大气污染带来的健康隐患也非常大。

　　奇才提出的一种方法是鼓励大型火电厂采用碳捕捉和封存技术(CCS),在发电端就捕捉二氧化碳并将它埋藏于地下。问题是,目前采用这项技术需要耗费大量成本,捕捉并封存 1 吨二氧化碳的成本在 90～100 美元,而且过程中需要耗费大量能源。

　　奇才提出的另一种办法是推广核能。他们认为,相对于火电厂和太阳能电厂,核能电厂满负荷运转的比率最高,高达 90%(火电厂只有 60%,太阳能电厂最低,只有 30%)。不过核能电厂虽然营运费用较低,但最大的挑战是初期资本投入太高,而且针对核废料的处理,至今没有特别稳妥的办法。全世界,只有法国主要依赖核电,可法国核电发展也有些后继乏力。

　　先知看待全球变暖的角度完全不同,一方面,他们提出了"七不一可"的解决方案:对石油、汽油、煤油、天然气、燃烧植物、核能、碳捕捉都说不,只对电能说可。先知希望推动全产业电动化,大范围鼓励微电网的发展,自下而上推广,在社区和乡村的层面更多采用太阳能和风能这样的可再生能源。

　　另一方面,先知也提出了一个更为宏大的计划,让大自然发挥"碳捕捉"的功能。地球上曾经有过一段大气中二氧化碳比例比较高的时期,叫作石炭纪。这一地质时期恰恰是产生现在我们使用的石油和煤炭的时期。当植物开始进行光合作用之后,植物大量繁殖,吸收了大气中大量的二氧化碳,从根本上改变了地球大气的构成,为动物和人类的出现创造了宜居的环境。

　　如果我们能够重现石炭纪,是否能有效吸收二氧化碳呢? 这是先知们的思路。他们的宏伟计划就是在撒哈拉大沙漠和澳大利亚内陆这两个地球上最大的沙漠地区大面积植树,吸收二氧化碳。按照先知的计算,人类现在每年排放 400 亿吨二氧化碳,其中 40% 被植物吸收,如果在撒哈拉大沙漠上种植抗旱的植物,每年就能吸收200 亿吨二氧化碳,温室效应因此会被大大缓解。

先知重塑地球,依靠自然的力量抵抗人类工业化带来的外部效应,和奇才们依赖技术的碳捕捉计划一样,都有它的软肋,那就是投入太高。

问题是,对于一个至今仍然无法准确衡量和预测,只会影响到子孙后代的议题,又有谁会愿意来买单呢?

重新思考人与地球的关系

气候变暖是摆在人类面前的难题,很大程度上是因为它并不像环境污染或者由人口激增造成的潜在粮食短缺那样,使人们很容易便达成对问题的共识,有关气候变暖的不确定性太多。

按照地球物理专家的说法,无论预测的准确度如何,二氧化碳过度排放造成的气候变暖,在地球物理的层面非常快速地发生已经是不争的事实,因为从第一次工业革命到现在才 200 多年,已经给气候带来了巨大变化。问题是,这种气候变化的速度,站在人类的角度来看,还是太过缓慢了,即使到了 2100 年,大气里的二氧化碳含量的确翻番,全球气温也上升了 4.5℃,带来了大量危害,可我们这一代人都会在灾害发生之前死去，那又为什么要为这个未来的潜在危害而担心呢？

另一个问题也很值得思考。按照联合国政府间气候变化专门委员会的预测，如果到了 2100 年，大气中二氧化碳含量翻番，全球气温很可能提升 1.5～4.5℃。如果把"很可能"翻译成 2/3 的概率的话，这一预测其实是在说，未来气候变化有 1/6 的可能性在 1.5℃以下，有 1/6 的可能在 4.5℃之上，剩下 2/3 的可能性在 1.5～4.5℃之间。你会为这样的风险分布买单吗？因为如果气温上升低于1.5℃，给地球带来的灾害不会比现在地球正在遭遇的严重多少。

哥伦比亚大学经济学家格拉西里亚·琪琪妮丝姬（Graciela Chichilnisky）就为此算了一笔账，她按照未来折现率和可能的风险来计算，为了避免 200 年后的生态灾难，人类现在愿意投入的只有几十万美元，还没有纽约的一套房子值钱。哈佛大学的经济学家马丁·魏兹曼（Martin Weitzman）也提出了他的担忧，他担心环保专家会夸大风险，从而把自己的判断"强加给了世人"。

著名哲学家萨缪尔·舒弗勒（Samuel Scheffler）对解决气候变暖的"前人栽树"难题给出了自己的解答。他认为，人类个人在预测自己个体的未来时，也许会像经济学家那样用未来折现率和风险定价的方式来推算当前是否值得投资，以及投资多少，但是当面对人类集体的未来时，他们的反应会截然不同。全球变暖就是这种关乎人类集体未来的议题。问题是，如何把人类集体的愿望——不希望地球因为全球变暖而变得难以居住——变成实际的可实施的计划。

曼恩在《奇才与先知》的最后，顺着舒弗勒的思路，问出了最为关键的问题。人与动物最大的区别，是人不仅有生物的进化，也开启了思想的进化，而思想进化的速度远远快于生物进化的速度，这是第一次工业革命能在200多年前给地球带来如此天翻地覆变化的原因。问题是，人类是否可能因为思想的进化，而超出大自然的供养限度，走向自我毁灭？

因为温室气体排放造成的气候变暖就好像温水煮青蛙，缓慢、摸不着、在几代人之间改变世界，所以改变的那个临界点很容易就被忽视，但临界点一旦跨越，后果可能无法挽回。我们也许有足够的想象力能看到可能的灾难，但是人类有足够的思想动力去推动变革吗？

奇才认为，因为人有思想的进化，能够依赖不断的技术进步解决问题，因此人是地球当然的主宰。先知认为，因为人有思想的进化，能够更清楚地看清地球的资源极限，也因此能抢在临界点之前理清人与地球的关系，回归自然。

怎么选择？很值得思考。

了不起的盖茨：首富退休指南

"IIe had come a long way to this blue lawn, and his dream must have seemed so close that he could hardly fail to grasp it."——摘录自《了不起的盖茨比》。

网飞 2019 年发布的三集纪录片《走进比尔：解码比尔·盖茨》(*Inside Bill's Brain：Decoding Bill Gates*)把 64 岁的微软帝国创始人盖茨刻画成了一个鲜明的智者。影片中没有多少全球首富在西雅图豪宅的剪影，却留下了长长的行走过程中一问一答的影像。在山林小径、在荒山歧途，智者总是习惯在行走间不经意的一问一答中剖析问题，答疑解惑。

而这些议题，关乎 53 岁就从微软退休的盖茨，选择什么样的生活方式，关注哪些议题，在哪些事业中如何投入精力。从某种意义上，这不啻是一部给中国即将退休的富豪们的"退休生活指南"；也为何事可为，何事不可为，企业除了追求股东利益最大化之外还应关注什么目标，以及延伸出来的企业家应该关注什么目标，做出非常好的注脚。

什么是盖茨在思考和践行的重要议题？简而言之，就是能否利用自己所拥有的巨大财富，解决他所发现的全球大问题。而这些大问题，有些是被众人反复讨论的，比如说化石能源大量使用导致的全球变暖的议题；有些则是不经意间吸引了盖茨夫妇眼球的贫穷国家的灾难议题，比如说仍然存在的小儿麻痹症，以及它导致的瘫痪、残疾所带来的苦难；又比如说盖茨夫妇关注的《华尔街日报》上的一篇文章，描述了在全球的很多角落仍然存在没有厕所、没有处理粪便的基础设施、没有干净的水的现状。

为了剖析和解决这些大问题，盖茨的首选是从书中找到答案，广泛地去阅读，针对一个议题、一个领域，尽可能阅读更多书和报告。盖茨了不起的第一点就是，他一直在坚持学习和阅读。

镜头里屡次出现装书的大袋子——就好像在家乐福购物用的超大的环保购物袋（盖茨装书的袋子当然要更结实一些）。一次是秘书帮他整理出差时带的书——至少有十几本大部头，出长差是盖茨最好的看书时间。另一次是他去思考周（Think Week）——这是他每年都要做的修炼，水上飞机在小木屋边上的运河降落，盖茨一个人走了下来，拎着一大包书。进入小木屋，把书放在书桌上，从冰箱里拿出一罐健怡可乐打开,摊开黄色的便签簿,盖茨就进入了阅读状态,他时不时眯起眼睛,嘴巴叼着眼镜脚沉思……或许,全球最大的电脑软件公司的创始人最适合去做不插电的"数字斋戒"的代言人。

十几本书、一支笔、一个本子、一冰箱的健怡可乐、一个星期,这样的阅读与思考能生发出很多有意思的点子。积累了巨额的财富,首富却还能够手不释卷,带着问题去读书、去总结、去思考、去创新,同时抱有对各种议题的好奇心,了不起!

拥有巨大财富的企业家,应该去做些什么?影片里选择了三个盖茨亲自参与的项目:厕所革命、消灭小儿麻痹症和核电革命。每项都不是易事,每项都是对全球影响深远的议题。问题是,富可敌国如盖茨,能否就这些问题死磕出结果来?

显然,盖茨秉承了科技改变世界的理念,这是他创建微软的初衷。当年他和发小肯特·伊万斯(Kent Evans)一起编程,而恰恰是肯特让他第一次读到了《财富》杂志,让他思索未来自己要去做什么,更重要的是,去思索做什么才能产生最大的影响力。

盖茨在微软的成功,也成为他退休后的事业所依赖的路径。新科技加上首富所能动用的巨大资源,的确可以让许多事情发生,比如说完全不依赖任何基础设施的自给自足的粪便处理系统,又比如说投入上百亿美元在全球消灭小儿麻痹症。

问题是,新科技赋能的厕所每个造价达到了五万美元,而在贫穷的尼日利亚推进的小儿麻痹症攻坚战也要面临极端主义武装割据带来的困扰。再财大气粗，面对五万美元的成本仍然要三思后行；富可敌国，面对武装割据者的枪炮也一样一筹莫展。

这恰恰是盖茨思考的问题，这种用基于技术和巨额资源投入的方式去解决贫穷的第三世界国家中长期存在的具体问题，有效吗？换句话说，这样的"单点突破"是否可持续？是带来其他相关方面的改善？还是仿佛堂吉诃德与风车交战一样，哪怕是一个腰缠万贯的堂吉诃德，仍然可能无法取得胜利？

盖茨在尼日利亚的努力，有了很值得再思考的发现。起初志愿者在当地推广小儿麻痹症疫苗时，只有英国殖民时代留下的手绘地图可以用。当意识到没有可以信赖的地图之后，盖茨基金会动用高科技的卫星成像技术为尼日利亚测绘出精确的地图，据此分析后发现，小儿麻痹症重灾区常常是两个省的交界处，也就是我们常说的"三不管地带"。双方要么以为对方会推广疫苗，要么相互推诿，结果导致疫苗推广总留下不少没有办法覆盖的死角，使小儿麻痹症每每死灰复燃。

问题是，独立了那么久的尼日利亚，为什么连一张像样的地图都没有？要知道，地图是对物理世界的描绘。如果没有地图，能奢望政府对基础设施进行任何的投资吗？没有任何机制去保证未来对基础设施的投资，砸下几十亿美元去确保每个孩子都接种疫苗，会不会出现政策次序的错误？因小儿麻痹症而瘫痪的穷人的悲惨遭遇，的确有可能在媒体上占据醒目位置，从而吸引盖茨夫妇的眼球。但是消灭了小儿麻痹症又如何？它只是扫除了横亘在穷人艰难生活面前的一道路障而已。

厕所革命亦是如此。从城市里运来的粪便可以在加工厂里被统一焚烧,焚烧所产生的热量可以用来蒸馏水,同时可以发电,让整个加工厂自给自足,从而使工厂的生产不依赖任何当地的基础设施,无论是稳定的电力,还是埋在地下的管道。加工厂的副产品——清洁的蒸馏水被装在小袋子里,就好像改革开放初期能喝到的还蛮稀罕的袋装汽水那样。不过影片里当地人"吸水"的姿势,总让人觉得,即使是"免费"的副产品,也依然是"奢侈品"。

这样的奢侈品能够推广吗,即使厕所的成本可以降下来?关键的问题是,盖茨版厕所革命的假设——不依赖任何基础设施的投入,就能解决从如厕到降低污染,再到清洁水源三方面的问题——本身是不是也存在预设错误?退一步说,这种厕所在给当地人带来了便利、污染的减少和一些纯净饮用水之后,能否推动当地政府承担起其应该尽到的最基本的基础设施建设的责任?

尽管如此,盖茨所付出的这种去分担这一部分重要责任的努力,一定要把盖茨基金会的基金用来解决实际问题的责任感,对人世间苦难所抱有的悲悯之心,以及为了解决问题一往无前的韧性,仍然了不起。这是盖茨了不起的第二点。盖茨需要去思考的是中国人常讲的"授人以鱼,还是授人以渔"的问题,他的努力和实践也在不断追问"企业为何"和"企业家为何"的终极问题。

盖茨了不起的第三点是对中国的拥抱。当然,你可以说他有私心,因为如果站在微软的角度,中国是微软不可忽视的市场。但同样不可忽视的是，他对中国的理解是很多同侪所不能比的。

他知道，任何产业如果想要真正挖掘出规模化效益，就必须与中国的制造商合作。盖茨版厕所革命之所以选择在中国做宣传，就是希望能够吸引到中国的制造商加盟。而当盖茨希望推进他属意的新型安全核电站的研发实验时，他也毫不犹豫地首选中国。这不仅是因为中国是核电大国，同时也因为中国是最有可能将全新核电技术规模化的国家。当然要做到这一点，必须得到两国的首肯。可惜的是，盖茨的努力这次因为美国总统特朗普的干预而遭遇滑铁卢。

盖茨夫妇最喜欢的一本书是《了不起的盖茨比》。盖茨比在他为自己设计的路途上走得很远很远，远到让我们觉得只要他再努力一点，就可以实现他的梦想，比尔·盖茨似乎也是如此。希望，他的愿望终可成真。

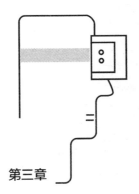

第三章

效率社会

Don't be a know-it-all.
Be a learn-it-all.
—— MS CEO Satya Nadella

这个时代，好奇心比自信心更重要！

数字经济时代，如何认识效率？

100多年前，福特公司推出的流水线是工业时代开启规模化生产的标志。与之前打造汽车的小作坊不同，亨利·福特发明的流水线把汽车制造分解成上百个环节，雇用大量工人。每个工人只需要熟悉自己的那份工作，在流水线上保证在几分钟之内完成自己的工序。规模化生产所带来的效率提升令人震惊。相比于几个匠人几个月敲出来一辆汽车，福特公司的流水线几分钟就能生产出一台汽车，而且汽车质量也不再参差不齐。生产率的大幅提升也意味着福特公司可以把第一款在流水线上生产的轿车 Model T 的价格一降再降，确保福特工厂的工人也能买得起。

效率是工业经济时代最重要的指标。效率与规模化生产相促进，规模化生产让效率更高、产品更便宜。大众商品价廉物美，大众消费因此得以日益繁荣。

那什么是效率呢？简单来说，就是利用技术缩短做一项任务的时间，或者说是用最少浪费的方式去生产产品、提供服务或信息，以及处理交易。过去百年的经济发展，很大程度上是由效率的提升所推动的。用更短的时间、最少的浪费完成任务的确是大多数人追求的目标，这也是科技高速发展背后的推手。

正因为有了工业化规模生产的效率，好的发明才能被带入千百万户人家。虽然托巴斯·爱迪生发明了灯泡，但是要等到康宁公司可以每天制造出 10 万个、100 万个、几百万个灯泡的时候，电灯才能真正地被广泛使用。

不过在工业经济向数字经济的转型中，过于追求效率就仿佛唯GDP 论一样，有可能以偏概全。效率是发展规模经济的抓手，但是当数字经济让个性化成为主流的时候，效率就不一定是最重要的指标了。而且过快的速度可能会影响人的判断力，过快的节奏、碎片化的时间可能产生适得其反的效果。效率与创新、效率与适应变化、效率与风险，这一系列矛盾都需要去平衡。

是一味追求速度，还是要把握好节奏？

对效率的执着，在数字经济时代变得更为显著。随时随地的互联让我们期待即时联通、即时处理、即时反馈，这种文化极大地模糊了工作和生活的界限。我们不禁要问，是不是回复越快、反应越快，就越好？人际交往或者工作中,实时响应是最好的方式吗?

《思考,快与慢》中对人的思想过程做出了分析,提出人的反应有两套系统——系统一和系统二。系统一依赖的直觉,是多年进化而来的产物,人们依靠直觉能够觉察环境中潜在的危险(比如说捕食动物靠近),也能够从多年的经验中感觉到变化(比如消防员能觉察到燃烧的大厦将倾)。但是系统一也有致命的缺陷,直觉并不是什么时候都可靠。系统一的决策因为是在短时间内做出的,很可能是冲动的、没有经过深思熟虑的、感情用事的,还可能是反应过激的。系统二则不同。它需要时间去思考,需要搜集事实、梳理证据、评判不同的论点,最终形成自己的判断。系统二让我们避免因为系统一的不可靠而犯错。

但是,想要让系统二正常运作,需要的是时间,尤其是让情绪冷静下来的时间。而在移动互联时代,变得越来越稀缺的恰恰是时间,尤其是不受打扰的大块时间。时间变得日益碎片化,同时各大平台也在不断鼓励实时交流和即时满足,这些都让我们用来思考的时间越来越少,把每个人的冲动——记住,冲动是魔鬼——发挥到极致。

高效率所遮掩的是,我们的决策正在变得日益依赖几百年进化出来的本能,而不是深思熟虑。在过去100年经济的巨变中,这种本能被证明是无法适应的。举个最简单的例子,为什么经济好了,越来越多人会变得肥胖,罹患糖尿病的人也越来越多?因为我们的动物本能对糖有着不断的渴求。在供给匮乏的时代,这种本能确保人类的生存，但是在一个供给丰富，而且食品生产日益工业化的时代，这种本能反而会成为给人类带来"富贵病"的工业化生产的帮凶。

对此，《数字极简主义》（*Digital Minimalism*）有针对性地提出了使用现代数字科技的三原则，强调千万不要被高科技工具带来的表面的效率提升所迷惑，对一味追求速度的做法，需要时刻警惕。

首先，对于每个人而言，时间最宝贵，新科技不是越多越好。越来越多的新颖工具也给每个人带来了越来越多的干扰，被干扰的碎片化的生活给我们带来的负面影响是不能忽略的，对此我们需要特别谨慎。

其次，对于新科技，尤其是互联互通的移动互联时代的新科技，一定要区分其工具性和其上瘾性，时刻警惕让人上瘾的新科技。善用新科技的人要优化工具，使其为我所用。

最后，使用新科技一定要有自己的主见，而不是被一时的效率推着走。不要因为某个工具能带来一定的好处，就要去尝试。如果没有主心骨，你就很容易被眼球经济大亨设计出来的各种耗费时间的陷阱所迷惑，难以自拔。

对于移动互联所带来的实时沟通，最好的解药就是在高效率工作中掺些沙子，增加摩擦，降低效率。

比如在工作中，就可以试着回归电子邮件时代的那种非即时的沟通场景，给自己和团队的工作留出思考的时间。如果在微信场景中工作，你所要做的就是自主确定一个回复微信的时间节点，而不是在收到任何信息之后马上冲动地回复。又比如，你还可以重新捡起前数字经济时代的工具，比如说纸和笔，将之作为记录和思考的工具。纸和笔应该是促进人类文明进化的最重要的工具之一，它让每个人都有可能记录文字、记录思想。而一个人记录和写作的过程，也是自己思考的过程。

在数字经济时代，高速度带来了表面的高效率，但同时可能压缩了思考的空间，也可能因为造成时间的日益碎片化而降低我们处理复杂问题的能力——看起来事做了不少，但实际上做好的事并不多，还可能让我们因为上瘾而浪费了更多的时间。千万不要被高速度、快节奏所迷惑。重新拾起前数字经济时代的思考与记录方式，看起来似乎效率较低，但恰恰因为如此，它们不会带来其他干扰，反而成为快速变化的世界中最好的工具。

效率与创新的悖论：从麻省理工学院 20 号楼说起

美国麻省理工学院曾经有一栋并不起眼的大楼——20 号楼，它其实就是二战期间花很短时间建成的三层简易房，原本在战后就准备拆除，却一直服务麻省理工学院近 60 年之久。和光鲜前卫的学科大楼不同，20 号楼看起来太过平淡无奇，但这里却成为麻省理工学院校园中的创新摇篮，诞生了诸如 BOSE（博士）等不少传奇公司。

20 号楼可以说是效率的反面。它并不是一个被精心设计的空间，恰恰相反，它其实就是一栋简单的筒子楼，简陋、粗糙、混乱，但是可以被随意搭配。在这个混乱的空间里，不被各大学院重视的各色人等被安置了进来，每个小人物都觉得自己对空间有控制权，每个人都可以轻易去改造空间以使其符合自己的工作需求，不会受到什么规矩限制。它甚至很像电影《重庆森林》里的那栋香港的重庆大厦，犄角旮旯中汇集了各色人等，却能产生无尽的故事。

麻省理工学院的20号楼之所以能成为创新、碰撞与协作的天堂，有三大原因：

第一，它的修建完全忽视外观，只强调实用性。也恰恰是因为其根本没有美观性可言——电线和管道都是暴露在外的——在里面工作的人能感受到充分的自由，甚至可以自由地改造内部空间，使其满足自己的使用需求。这种自由度有多夸张呢？你可能见过打通几个房间将它们变成大的会议室的案例，但是在20号楼，曾经有一个实验团队，为了完成工作，把上下三层楼打通成一个通透空间。可以说，它是一栋最没有计划性的大楼，却时刻在混乱中涌现出秩序。

第二，它最大限度地去鼓励偶遇、碰撞和协作。20号楼的内部房间号码比较混乱，外来的人一走进大楼就犯迷糊，要找到正确的房间，不多问几个人或者走几条弯路，根本不可能。但是，这样的混乱也增加了人们偶遇的机会，让创新和创意有被激发的可能。而且，和高层大楼不同，三层楼摊大饼的设计让这栋大楼没有电梯，却有长长的过道。职场中很在意"电梯间的沟通能力"，它衡量的是一个人如果在电梯里见到了大人物，能不能在30秒这么短的时间内介绍自己，给人留下深刻印象。在企业大楼里，在电梯里碰到领导或者其他部门的同事，你最多只有 30 秒钟介绍。但是在 20 号楼则不同，你可能会在问路的时候碰到比较有意思的人，可以在长长的走道里边走边聊天。这种聊天可能能把一些想法真正聊清楚，也可能会碰撞出新的思想火花。

乔布斯显然对偶遇和碰撞特别在意。在他最初设计的皮克斯动画公司大楼的蓝图里，圆形的三层建筑只有一楼设有厕所，且厕所被安置在一楼大厅的四个角落。乔布斯想象着皮克斯某个部门的同事每天会好几次在如厕的路上碰上其他部门的陌生人，并与之碰撞出新火花。一名怀孕的女高管强调，自己无法适应上下楼的奔波，虽然这让乔布斯最终打消了这个念头，但是在建筑设计中刻意降低效率，增加人与人之间"摩擦"的机会，的确是增加创新的好方法。

第三，20 号楼也是自下而上创新的典范。这里并不归属于哪个特定的院系，而被"放逐"到这里的每个研究者的想法都太激进，不见容于主流。这些"被放逐者"来自不同院系，研究领域十分庞杂，这也让跨界变得更容易。

传统的大学、研究机构或者企业科研部门都在致力于创建跨学科/跨专业团队就共同议题进行联合讨论的空间，20 号楼就是这样一个鼓励跨界的空间。缺少顶层的规划，反而让草根的联合变得更容易。这里的庞杂与混乱，孕育了新的创见。

麻省理工学院的 20 号楼是一个极端的混乱与秩序矛盾共存的例子，也让我们看到了自下而上从混乱中涌现出创新的机会。效率虽然是人类一直孜孜以求的东西，但是，过度追求效率就可能丧失混乱带来的好处，比如说偶遇，比如说多元化。

当一切都在规划和掌握之中的时候，你可能会失去偶然带来的惊喜。举个例子，当人人手机上都有导航之后，哪怕到一个完全陌生的城市，我们也不再会迷路。这种效率的提升是惊人的，但这样的效率也有代价。我们不再需要去问路，也不再会理会其他陌生人的搭讪，我们虽然身处陌生的环境中，却被各种熟悉的工具指引，采纳被过滤后的信息所提供的建议。与陌生人，尤其是与本地的陌生人的碰撞所带来的好处就没有了。

其实，当麻省理工学院的 20 号楼被推倒重建成一栋美轮美奂、规划完备的新建筑之后，它的传奇也就结束了。新楼是一栋特别富有设计感的现代建筑，却也消除了自下而上从混乱中涌现出秩序的机会。

进化强调的是"适者生存"，并不青睐最有效率的

大白鲨可能是海洋中进化出的最凶猛的捕食动物。成年大白鲨能长到接近 7 米长、3 吨重，在水里游动的速度接近每小时 50 千米。它嗅觉灵敏，能闻到几千米外的一滴血的腥味；视觉敏锐，而且有夜视功能。当然，它更是一台吓人的捕食机器，血盆大口里长着 7 排共 300 颗锐利的牙齿，而它的上下颚可以施加每平方厘米 300 千克的巨大压力。

大白鲨是鲨鱼经过了千万年的进化而成的捕食机器，可以说在

海洋里没有任何其他动物可以与其匹敌。但是,大白鲨害怕一件事,那就是搁浅在沙滩上。沙滩上的大白鲨就好像没有受到任何保护的婴孩一样,可以任人宰割。

海洋在过去千万年都没有发生巨大的改变,这样稳定的环境造就了大白鲨这样凶悍的捕食机器。环境不变,意味着自然选择的标准不变,大白鲨才有可能进化出最适应稳定的海洋环境的各种器官。不过这也意味着,一旦环境发生巨大改变,大白鲨的器官越精密,它抵抗环境改变风险的能力也就越低,甚至可能面临灭绝。

借助进化论的视角,我们可以分析为什么有那么多企业在抵达巅峰之后突然一蹶不振,甚至一败涂地。

诺基亚就有过这样一段搁浅的经历,以至于当诺基亚的现任董事长被问及那段从全球手机之王的宝座上暴跌下来的经验时,他用了一句很简单的话来形容:"成功是毒药。"诺基亚曾经就是一头所向披靡的大白鲨,在其最鼎盛的 2005 年前后,它的市值超过了 2900 亿美元,手机销量占到全球市场份额的 40%。硬件上的绝对优势让诺基亚对软件掉以轻心,它没能预料到智能手机的崛起,更没有想到整个手机的生态圈,也就是它所赖以生存的环境的巨变。之后的故事,就不需要再赘述了。但是还好,这家成立了 150 多年的老店并没有被拍死在沙滩上,出售了手机业务,再加上几番成功的并购,让诺基亚又重整为电信设备提供商,虽然市值只有原先的 1/10,但是在 5G 即将来临的时代,它仍然是市场的有力竞争者之一。

通用汽车也曾经是汽车行业中的大白鲨,但是在 2017 年,通用汽车的市值被造车数量不到它 1/100 的特斯拉超过。甚至有人预言，传统的汽车厂在电动车、自动驾驶和智能出行等领域，很可能被新入行的挑战者所超越。

通用汽车还远没有到要搁浅的地步。巴克莱银行的分析师甚至断言，通用汽车不再会有被拍死在沙滩上的风险，因为它更像是"进化中的哺乳动物，而不是垂死的恐龙"。相比之下，德国的豪车三剑客 ABB（奥迪、奔驰、宝马的简称）可能距离浅滩更近。如果未来 10 年，汽车真的会成为具备自动驾驶功能的"车轱辘上的电脑"的话，那么 ABB 经过多年进化出的那些必杀技，比如说机械设计的能力、复杂机械制造的能力，都可能像大白鲨的血盆大口那样在沙滩上没有任何用武之地。

用进化论的视角来看企业的竞争与发展，我们不难总结出，企业的进化是对环境的适应。一个产业环境越稳定，产生大白鲨的概率也就越高。但是在环境发生巨变的时代，原先精致的进化就可能变成不合时宜的累赘。如果企业没有变异和多样化的能力，那么成为大白鲨被拍死在沙滩上的机会也就越大，柯达和黑莓就是两个不陌生的例子。通用汽车为什么还能进化？因为它的董事会在看到特斯拉的第一辆电动车的时候就做出了量产电动车 Bolt 的决定。

面对可能来临的环境巨变，变异和多样化是最好的保险策略。

在效率的驱使下，自然环境的改变在过去 200 年几乎是天翻地覆的，但这种改变最大的风险恰恰是单一作物取代多样化生态圈所带来的抗风险能力骤减的危险。

举一个单一作物推广的案例。大航海时代,船队带来了很多新物种,从新大陆引进的土豆在欧洲被广泛种植,成为最价廉物美的主食(英国最著名的菜就是"鱼加薯条"),推动了欧洲人口的激增。农业领域内单一作物的大规模推广也造成了巨大的风险,因为土地增产源自单一品种推广的高效率,但这也打破了田地里多元农作物的平衡。当土豆成为很多地方的单一作物时,农业遭受病虫害侵袭的风险也就变得特别大。1845年爱尔兰爆发了大规模病虫害,导致土豆大规模歉收,灾荒持续了五年之久,俗称"马铃薯饥荒"。5年内爱尔兰人口锐减1/4,其中除了饿死、病死的人之外,还有大约100万人移居美国。"物竞天择,适者生存",强调的不是最有效率的生存,而是效率与多元化之间的平衡。在商场上,是否合适、是否快速适应新的环境,就是衡量是否不断进化的准绳。中国也有"水至清则无鱼"的古老智慧,什么事情都不能推导到极致,要留下回转的余地,也就是留下未来改变的空间。

在向数字经济时代转型的当下,我们需要重新审视效率这一工业经济时代最重要的衡量指标。而所有的思考都指向一个结论,在从工业经济时代向数字经济时代的大转型中,不再需要效率一马当先,有时候在高效的机器里掺些沙子,给飞快运行的系统加些阻力,在数字经济时代的生活中保留一些前数字经济时代的习惯,反而能收效更多。有时候不一味去强调规划,给偶遇和碰撞留下空间,可能更有利于创造。有时候不追求大一统,而是给多元生长留下机会,会增加对外部环境变化的适应度。

为什么慢是新的快?

经济增速放缓,成了许多人 2020 年的烦心事。如何应对? 和经济需要结构性调整一样,每个人的工作方式也需要有大的变化。记住一句话:慢其实就是快! 古语说得好,低头赶路,也要记得歇歇脚抬头看天。忙于工作,常常陷入具体的事务之中而见树不见林,缺少了大局观。2020 年恰恰是一个应该放慢脚步,仔细思量的年份。

为什么慢即是快? 这里提供三个视角。

首先,问自己一个问题,忙碌等于效率吗? 过去几年,很多人忙到疯,因为忙碌等同于打拼、努力。但是每天加班,成天开会,工作真的完成得更多更好吗? 比如说 40 个人一起开半天的会,所耗费的人工就是 160 小时,如果只是听几位领导讲话,到底是不是时间的浪费？全球五百强中很多企业都开始用开会所耗费的总小时量来衡量工作的效率，避免无谓的开会，这就是把效率放在了第一位。按照管理学的最新研究，三人开会效率最高，因为信息可以得到充分沟通，又同时存在不同的视角。

慢下来，其实是一个很好的机会，让我们去检讨工作方式有没有优化的空间。提升效率，首先就要做好时间管理。很多人以为好的时间管理是在更短的时间内完成更多的事务，认为不断填满工作的时间，给自己找事做，让自己变得超级忙才是好的时间管理。这种理解是错误的。真正好的时间管理应该是对自己工作任务的管理，致力于完善工作的效果。同时做 7 件事，很容易顾此失彼，如果剔除其中的 4 件，就可以把剩下的 3 件事做得更好。好的时间管理也要避免被打扰，留出整块的时间专注于做好一两件事情。社交媒体把每个人的时间都打碎，工作群里老板每@你一次，似乎都要立刻回复。其实很多事情都可以等，等到你在留出的大块时间完成首要工作之后。

其次，还要问一个问题，忙碌的背后到底是什么在驱动？快节奏的忙碌不只是中国人独有，西方人用一个词来形容整天停不下来的状态背后的原因，这个词叫作 FOMO，也就是担心错过了任何一次发展或者发财的机会。所以 2018 年年初在比特币价格贴近 2 万美元的时候，才有那么多人盲目进场，其中又有多少人对数字货币或者去中心化有真正的理解和信仰呢？

慢下来，也是一个让我们去检讨我们为什么要这么忙的很好的机会。担心被落下是产生职场焦虑的一个很大的原因，因为世界变化的速度太快了，每个人都以为机会稍纵即逝，今天不努力，明天就会被隔壁老王甩出几条街。慢，其实需要自己在心理上真正放慢步伐，去花些时间思考到底什么是更重要的大问题，去思索自己想要的到底是什么。工作与生活，就是一对取舍关系。如果在工作上花费了更多的时间，就一定在生活中欠了账。慢下来，在思考如何提升工作效率的同时，去思考生活中的重点，去思考工作之外还有什么更重要的事情需要自己去投入。

最后，还需要反思一下"打拼"的概念。"商场如战场"的比喻深入人心，战争中的很多词被无差别地应用在职场之中，似乎只有通过不懈奋斗才能取得成绩，而且这样的奋斗是零和游戏，自己的成功建立在别人失败的基础上。但现实之中，职场中的协作和互助同样重要，而好的合作需要沉稳与默契，不慌张、不焦躁。

慢就是用另一套语汇去形容职场的状态。打拼，很多时候在透支体力、潜力和资源，慢下来则是在经济周期下行的时候思考如何蓄势、补充能量、积累资源（包括可以合作的人脉资源）。一味打拼在野蛮生长的时代或许是胜出的不二法门，但是当经济的发展进入胶着竞争的时代，积累则变得更重要。慢，是学会积累。

2018年，很多人希望从付费知识中获得职场焦虑的解药，希望依靠每天10分钟的听书，增长自己的知识储备，结果遭遇了不少"吐槽"。原因其实很简单，如果不改变快，也就是速成的心态，不能真正慢下来，而学习那些别人咀嚼简化后的付费知识只会徒增焦虑。

　　慢下来，其实给了每个人机会，去梳理和更新自己的知识储备，去构建适应未来多变的世界的知识谱系，而这种构建必须在慢阅读中完成。知识的碎片随处可得，知识结构的更新却需要每个人一步一步完成，既不能假他人之手，也来不得弯道超车。论积累和蓄势，慢即是快。

重提"996"，加班文化与企业转型

2019 年国内某著名电商公司证实要采取"996"的工作政策，也就是"朝九晚九"，每天 12 小时工作制，算下来一周 72 小时，超过法国法定每周工作 35 小时的 2 倍。无独有偶，2018 年 1 月红杉资本的一个合伙人迈克尔·莫里茨（Michael Moritz）在《金融时报》上撰文批评硅谷的创业者已经不再有拼搏精神了。这位投资人认为，硅谷公司已经没有中国公司跑得快了，因为当硅谷的程序员在喝啤酒、打桌球的时候，中国公司的"程序猿"都待在公司里加班呢。他言下之意：你们这些人只知道讲工作和生活的平衡，也不看看中国的同行是那么勤劳、那么能吃苦。

问题是，勤劳和吃苦在数字经济时代足够推动企业的发展吗？

强调员工朝九晚九地待在工位上，如果是为了重新找回创业时的那一种冲劲,无可厚非。任何创业团队都一定有着没日没夜干活的经历,这一方面因为创业艰难,另一方面也因为创业成功可能带来巨大财富。但是,当一家公司的规模已经相当大,还仅仅希望通过员工勤奋来谋求成长,或者说希望依赖员工加班常态化来保持增长,就可能不现实,至少很多95后、00后肯定不会跟你起早贪黑地干。

更重要的是,作为一种常态化的管理方式,"996"明确要求员工牺牲家庭奉献公司,而且用一种非常粗糙的准绳来衡量每个人的贡献。这点出了中国企业管理转型的几个关键问题:到底怎么做才能吸引适合企业发展新阶段的多元化人才?到底怎样才能成为一家管理成熟的公司?到底怎样去考核不同人的贡献?中国企业在未来的竞争中,如果仍然期待靠勤奋和加班,而不是靠提升项目管理能力、创新能力和精益化考核能力,那一定会出问题。

这种管理的转型,也体现了从单纯追求发展的速度、单纯追求紧跟老板的思路、强调团队的执行力,转向加强管理团队的板凳深度、吸引更多拥有多元背景——比如拥有海外市场管理经验——的人才、塑造创新文化,这样企业应对未来变化的韧性与抓住未来机会的实力才会更强。

中国传统的管理文化中,对于什么是优秀的领导者、什么是好的用人哲学,有着深刻的认知。中国文化强调领导者的气度和格局。领导者是否优秀,从他的用人之道就能看出。最优秀的领导者,善于挖掘人才,愿意也敢于使用第一流的人才,也就是那些有独立思想的人、可以跟你说"不"的人、会不断地给你提出不同意见的人。能否使用第一流的人才，是领导者的挑战，也是企业文化的挑战，因为第一流的人才一定不会是整齐划一和甘于"996"的。

等而次之，好的领导者也能用好第二类人才，也就是执行力很强的人。这种人，对于领导的目标和想法能够充分理解，马上执行，按时按质量完成。企业中的确需要这样的人，他们在打江山的阶段可以保证领导者的指挥如臂使指、伸缩自如。但是，第二类人与有独立思想的人相比已经差了一截。

问题是，很多老板其实最喜欢用第三类人，也就是很多人挂在嘴边的所谓"好用的人"、听话的人、能够揣摩老板心思的人，针对老板提出的问题，能够第一时间回复的人，尤其是在王位坐稳的时候。"楚王好细腰，宫中多饿殍"，就是这个道理。但是第三类人，很明显，如果他花更多精力在揣摩老板的想法上，他在做事上投入的精力必然要打折扣。

中国企业的管理变革，首先是老板管理哲学、用人思路和考核标准的变革。经历过去 20 年快速发展的企业家，一定培养出了执行力强、敢拼、能打硬仗、能啃硬骨头的团队，因为在企业从零到一的路上，老板认准了大方向，能否达成要看大伙有多大拼劲、付出多少努力。转型的当口，老板有机会扩大格局，引入第一流的人才，独当一面，应对新挑战，挖掘新机会，进入新赛道，拓展新市场。老板也有可能被第三类人包围。

同样，当企业变得越来越大、组织变得越来越复杂、挑战变得越来越艰巨时，衡量企业员工的贡献，就一定不能只有理解和执行老板意图这一个点。好的老板一定知道，完成任务、应急挑战比加班打卡更重要。他也一定知道，能够给他新知，帮助他进入未知领域的人才的价值。

我经常会在工作日的下午组织读书会，因为我觉得在工作日的下午做活动应该能筛出所谓的"半自由人群"。在我的想象中，半自由人群就是那种职业上已经有了一定的成就，时间上已经有了一定的自主支配空间，同时又不满足于现状，希望能够不断获取新知、了解前瞻思维的那群企业的中坚力量。我不希望这样的假设被"996"的现实所颠覆。因为如果每个人都被拴在岗位上，需要不断地靠打卡推着向前走，那一定意味着管理出了问题。到底该如何去甄别一个人是创造型的人才，还是有执行力的人才，抑或只是一个马屁精？靠打卡、靠强迫加班没有办法筛选，它只可能"逆淘汰"，让那些有好的想法、好的创意的人感到拘束，让那些需要兼顾家庭、渴望私人空间的人离开。

最后换位思考下，如果公司是一个产品，你会怎么做？这种换位思考，是用我们每个人最熟悉的消费者的视角，重新解构雇佣关系（如果你是雇员）或者管理关系（如果你是老板）。你会怎么对待一个产品，你就应该怎么去对待一家公司——或者说，如果说你是公司负责人的话，你就应该理解你的下属对待一家公司的方式。

数字经济时代的职场生存手册

2019年，中国的程序员们反对"996"的加班文化，提出了"工作'996'，生病ICU（重症监护室）"的口号，这一口号隐含的意思是：加班久了，就可能因为过劳进医院的ICU。

医院的ICU还真能给时间日益碎片化的职场提个醒。ICU里的重症病人身上插满了管子和各种检测仪器，这些仪器会不断发出报错或者警报信息。问题是，有些报错只关乎小问题，有些警报却性命攸关，但是大多数报错和警报却没有明显区别。因此，护士很容易疲于奔命，时间久了，很可能会忽略重要的警报信息。

ICU里护士的经历告诉我们，当我们身处被各种信息频繁打扰的环境中时间久了，会出现很多问题：一方面因为疲于奔命而身心疲惫；另一方面却因为被过度打扰而注意力涣散，分不清楚轻重缓急。可以用 ICU 比喻数字经济时代的职场,每个人都看似很忙,但其实效率并不高,焦虑和不安全感反而更重。

大规模生产的工业经济时代,研究者最大的担心是人的异化。福特公司引进了流水线之后,汽车流水线上的工作被分解成几十个简单的环节,每个环节的工作都整齐划一。每个工人不断从事重复的劳动,成为标准流程中可以被替代的螺丝钉。生产效率提升了,人却成了机器的"奴隶"。

数字经济时代,是一个 7 天×24 小时连轴转的时代,一个工作和生活的界限日益模糊的时代。人们恨不得让手机跟大脑直接连接。老板凌晨 1 点发一条微信,很多下属会争取在五分钟之内回复。很多人希望一天能多出一两个小时,这样就可以多做些做不完的新工作。

数字经济给我们带来了便捷,使我们的职场节奏不断加快,同时,智能手机的普及催生了越来越多吸引我们眼球、分散我们注意力的新工具和新娱乐方式。其结果是,工作与休闲的边界变得模糊,工具和娱乐的界限也日益模糊。我们被便捷的连接所驱使,被无所不在的眼球经济所迷惑,时间的碎片化成了大问题。在这种情况下,很可能出现一种非常坏的结果:一方面我们觉得自己一直在忙忙碌碌;另一方面我们又会觉得时间飞逝,成就却一般。如此一来,我们更加焦虑。

是不是只有变得更快,把更多的工作挤进 24 小时内,在更零碎的时间内完成更多不同类型的工作,才能跟上职场变化的步伐?答案是否定的。在工作上耗费的时间与任务完成的质量并不能画等号。相反，面对职场的快节奏和科技的快速迭代，我们需要花更多时间和精力去构建注意力相对更集中的工作环境，最重要的是知道如何去规划我们的时间。只有夺回自己对时间的掌控权，才能不被外界的各种要求推着走。我们得拒绝时间的碎片化，才能为自己的工作和生活找出整块的时间，专注地做事，兼顾工作与生活。

好的时间管理

西谚有云：时间和注意力最好是大笔大笔地使用，如果被换成了零碎，就不值钱了。而数字经济时代的各种工具，比如社交媒体，恰恰在不断打碎我们的时间，用日益频繁的打扰分散每个人的注意力。

拥有全键盘的黑莓手机，开启了 24 小时随时待命的工作状态。那时，职场高管和咨询专家都黑莓手机不离手，随时随地处理邮件，但这种情况只发生在职场中很少的一部分人身上。

智能手机可以说把 7 天×24 小时的工作文化普及了，而社交媒体的连接也比邮件要来得更高频。每个人都随时处于待命状态，因为更便捷的连接而感觉工作更高效，因为可以不断讨论和处理问题而觉得工作时间被填得满满的。

在数字经济时代，想用碎片化的时间把 24 小时填满很容易做到。第一时间回复老板、回复同事、回复各种各样的群聊里面的问题,时间很快就会过去了。但是时间过去之后,很多人会发现,其实并没有做什么。

好的时间管理,是要从即时连接中解脱出来,为自己找到大块不被打扰的时间。

首先,一个有效的做法是,尽量减少群聊,不要总是期待即时回复。你能多快联系别人,与别人需要多快回复你没有关系。在只有电话和电邮的时代,并不需要每个人都即时回复,留给职场人自己安排的时间比较多,让职场人按照自己的节奏工作的空间比较大。而现在,因为有了即时回复的可能性,无论是老板还是同事,都期待自己发出的任何信息都能得到立刻回复。这不仅人为盲目地加快了工作节奏,给每个人都带来了无形的压力和负担,也在不断打碎别人和自己的工作时间。更重要的是,这种不分轻重缓急的做法也让很多回复缺乏深思熟虑。很多问题,尤其是重要的复杂的问题,所需要的并不是即时的回复或者果断的执行,而是来自不同角度的观点和经过思考的回答。工作中,只有极少数问题需要被立刻处理,大多数问题都可以等,也应该等。

从即时沟通回归到邮件类的非即时沟通,人们可以自主去确定一个每天回复的时间点,而不是在收到任何信息之后马上去冲动地回复。这种冲动是在数字经济时代我们收到各种提醒(打扰)信息的常见反应,也是每个人一天之内平均要点亮手机50多次的原因。因为我们习惯于在碎片化的时间中去查各种信息和资讯,以为那是把时间填满的最有效率的方式,总是担心会漏掉什么重要信息。而克服这种冲动是时间管理的窍门，在每天的固定时间去处理微信，简短回复，可以大大降低时间碎片化的成本。需要铭记的是，很多事情都可以等，任何问题都有轻重缓急，不要让即时回复成为数字经济时代每个人的义务。

其次，要学会任务管理，为工作做减法。

好的时间管理，其实是每个人都要做好的工作中的任务管理。剔除五件要做的事情，可以把剩下的两三件做得更好，因为你会有更多大块的时间处理每件工作，也可以更专注地去对待每项任务。需要问自己的是，每天到底有没有一两件比较重要的事情需要自己花大块的时间来专注对待，这样就不会总是被别人推着向前走。

数字经济时代的早期，很多人推崇多任务管理，认为可以同时处理越多任务的人越牛。他们忘记的是，对于大多数人而言，转换工作状态的同时也需要时间转换思维。如果把上班的时间划分为15分钟的小碎片，用于处理各种不同的工作，很可能忙了很多事，却没有真正做成重要的事。真正好的工作状态是把自己负责的一两项任务管理好。

如何形成尊重别人时间的工作文化？

在现实中，人们希望更有计划地去管理自己的时间，能积累几小时不受打扰的时间专注于自己的工作，但却可能身不由己。所以构建好的工作环境，绝不是独善其身这么简单，需要去推动构建一种尊重别人工作时间的工作文化。

开放办公的理念很流行,很多创业公司,不仅打通了工位和工位之间的隔间,有些公司甚至干脆不设固定工位,理由是很多人在出差或者移动办公,工位根本不需要一比一地配备。开放办公背后有一套创新理论,认为开放的办公室可以打破部门之间的壁垒,制造碰撞交流的机会,鼓励更多的跨界交流。现实却是:开放的办公室可以让老板在同样大小的空间里塞下更多的人;开放办公产生的噪音,让无法专注的人只能通过戴消噪耳机的方式给自己找来一丝宁静。

其实,很多处于做事状态的人都需要安静,避免被打扰。形成尊重别人时间的文化,首先就要鼓励更多人进入专注的状态,尽量不要打扰别人,即使打扰人也一定要有充分的理由。

构建尊重别人时间的文化,可以从学会开会开始。

开会是占用时间最多的一种工作方式,10 个人开 1 小时的会,耗费的就是 10 小时的人工。很多大公司已经开始从耗费人工的角度来分析哪些会是必要的,哪些人参会是必要的。因为如果经常盲目地开会,而且是开大会,所浪费的时间十分惊人。

一些研究者还发现,在不懂珍惜别人时间的公司,开会还遵循一种二八定律:80％的人在会上不发言,80％的会开到最后仍然是由领导做决定。这样算下来,八成的会都不值得开。《工作不需要发狂》(*It Doesn't Have to Be Crazy at Work*)一书就提出,最好的会就是三个人开,大多数参会人数超过三个的会都在浪费时间。理由很简单，三人行必有我师，三个人开会有更多机会带来不同的视角，讨论会有明确的抓手，事后对开会的内容不会扯皮，不会出现沟通失真的问题。

组织开会也很有学问。一种方法是开会之前由组织者给每个人准备一份阅读材料，亚马逊的老板贝索斯就很推崇这种做法。他要求每次开会之前，发起人一定要写一份备忘录，而且不能超过 6 页。所有参加会议的人，在开会之前都要花时间把备忘录读完，然后再讨论。目的就是使讨论能有的放矢，参会者在阅读备忘录的过程中也能梳理自己的思路。

我在美国读研究生的时候，有一位老师是曾经担任美国前助理国务卿的谢淑丽（Susan Shirk）教授。她给我们的作业无他，就是一篇简报，限定最多 2 页，字数在 500 字以内，做简报的目的就是训练我们精炼地把论据和观点写清楚的能力。按照她的说法，国务卿是没有时间阅读超过两页纸的报告的，现在写好简报是为了未来写清楚备忘录，言简意赅，逻辑清晰。其实这是在帮助领导，也在帮助其他参会的人节约时间。

在开会时让更多人畅所欲言也很重要，安排发言的次序因此就很有讲究。有的公司会特别强调领导最后发言，就是要避免出现 80％的人开会不说话的问题。有时候领导先说话，持有不同观点的下属就会选择不发言明哲保身。

尊重别人时间的文化，也可以从创建办公室安静的环境着手。已经有管理者提出，办公室应该像图书馆，创建安静的不打扰别人的工作氛围。为了避免干扰,可以在办公室中间设立一些小工作间,以便那些需要打电话的人使用。即使无法马上在办公室推行安静的文化,也可以尝试一下将每月中的一天确定为办公室图书馆日。

更有意思的建议是向大学学习,让专家型的人才或者科研人员每周开放一次"办公室时间"(Office Hour)。大学里的教授每周会把一个下午空出来,方便学生问问题或者请教论文。一些企业的管理者也把这种方法引入企业的管理中,为了避免打扰专家型人才,同时又充分利用专家的知识和经验,选择让专家在每周固定的一个下午,打开办公室大门,让任何人都可以进来交谈、问问题,让专家为其答疑解惑。这样,同事可以在固定时间集中问题咨询专家,而专家可以在其他的工作时间专注于自己的工作。

一些高管也在实践中践行"办公室时间"这个概念,尤其是当他们发现社交媒体交流多了,打电话的时间反而少了,而相对于社交媒体的沟通,打电话其实交流得更充分。有一位硅谷的高管就干脆告诉所有同事和朋友,工作日晚上5点半之后的一小时是他的虚拟办公室时间,欢迎在这段时间打电话给他——因为那正好是他开车回家堵在路上的时间,打电话交流可以让他把垃圾时间利用起来。

调整心态

应对节奏日益加快的职场,需要反其道而行之。做减法,减少工作的事项，专注于做好一两件重要的事。放慢脚步，不再纠结于即时回复，找回自己对时间的控制权，以静制动。但要真正做到这些，需要调整心态。

职场中之所以崇尚快、看重多，其实是因为人们普遍具有FOMO的心态，总是担心被落下了，担心比不上邻家的老王，总想赶上这样那样不同的班车。

股市涨了，就开始后悔，为什么没在2500点的时候杀进去。2017年年末到2018年年初的时候，比特币红得发紫，很多人说2万美元指日可待，不少对虚拟货币毫无认知、对去中心化和区块链也并无了解的人也迫不及待地杀进去，因为受到赚快钱心态的驱动，也因为看到别人赚钱自己眼馋。这些背后都是FOMO的心态在作祟。

快，很多时候其实是为了一定要比别人强，总觉得别人比自己做得更快、更先一步，总觉得慢了就会被落下了，会失去好机会。但是，当我们自己做选择只是为了跟别人去对比，为了不被落下，这样的选择很可能是错的，因为没有谁能踏准每个步点。赶不上车很正常，完全不用担心，因为还有下一班。

相应的，如果想让自己慢下来，想学会做减法，需要拥抱JOMO的心态。不要小看这一个字母的差别，两者大不同。JOMO是一种并不担心自己赶不上，反而因为被落下来而开心的心态。这是一种平和的心态，不会为了比拼而比拼，更关注自己擅长的那一亩三分地。与匆忙地追寻各种机会相比，持有JOMO心态的人更愿意专注于自己喜欢、自己在意的事情。

数字经济时代的职场生存指南，最重要的核心就是这三点：对自己时间的管理，形成尊重别人时间的职场文化，以及对自己心态的管理。归根结底，保持平和的心态，拥有安静的环境，在工作中学会做减法，才能有效集中自己的注意力，做好工作。

在过去几十年的快速发展中，我们太习惯低头赶路，现在是时候时不时抬头看天了。慢是新的快，少才是真正的多。这背后也代表了一种改变，从埋头做事，到花更多的时间去思考什么是最重要的，什么是最需要去花费时间的。这其实是大事不糊涂的取舍观，也是数字经济时代应对碎片化所带来的焦虑的最好解药。

从经济学视角分析"虎爸虎妈"

曾经,小孩子并没有那么重的学习压力,父母的要求是晚饭前到家即可,至于和谁一起玩、玩什么,他们不管。一帮小屁孩在一起的时候,成绩好的并不一定就受待见,街上玩耍的孩子有另外一套游戏规则,有时候决定谁是孩子王的是拳头。父亲的教诲也很简单:"别挑衅,对人要公平,但是如果别人打你,你可别怂,打回去!"

对以上这段话里描述的场景,中国70后、80后可能会有强烈的共鸣。不过,这里描述的不是中国,而是20世纪70年代的意大利北部,《爱、金钱和孩子:育儿经济学》的作者之一、耶鲁大学的法布里奇奥·齐利博蒂(Fabrizio Zilibotti)教授当时就在意大利北部的公立学校系统内接受教育。当时意大利共产党在当地执政,特别强调平等和公平的价值观。因为受到中东石油危机的冲击,当时的意大利实施工资与通胀挂钩的政策,但政府的通胀补贴并不是按照工资多少成比例发放,穷人的通胀补贴相对更高,这在一定程度上降低了贫富人群之间的不平等。无论家境好还是坏,大多数孩子都上公立学校,学校之间的差别也不大。恰恰是这种环境造就了小孩们散养的状态。齐利博蒂回忆起那段时间,总有些怀旧的情感,甚至在街上和孩子打架的经历,也让他觉得其实是在教他如何面对和处理未来可能出现的挫折和冲突。而这样草根的学习经验对于当代人却成了无从品尝的奢侈品。

20 世纪 80 年代欧美主流政策的改变,尤其是里根与撒切尔所推崇的新自由主义加剧了各方面的不平等,也为教育的不平等和"虎爸虎妈"或者说"直升机父母"的出现,种下了种子。"虎爸虎妈"特指那些从小就为孩子的成长做出非常详细的规划,在孩子的培养上投入大量的精力和时间,一心想把他们送入名校的父母。

问题是,"虎爸虎妈"所倡导的"军备竞赛"式的教育会有光明的未来吗?

"虎爸虎妈"的产生

为什么在美国和中国"虎爸虎妈"那么流行?

如果从经济学视角去分析,至少有两个外部环境的维度可以考虑:社会平等程度和社会流动性的程度。新自由主义加剧了很多国家的不平等，这种不平等首先体现在受教育程度不同所带来的收入不平等上。在20世纪80年代之后，接受高等教育乃至硕士、博士教育所带来的职业发展和收入增长的红利越来越大，推动了全球对密集式教育的追捧。

美国就是很好的例子。过去40年，美国变得日趋不平等，从富人到中产，都在为下一代焦虑，当代美国人第一次感觉自己的孩子的日子有可能过得没有自己好。实际上，恰如描绘美国铁锈地带产业工人没落生活的《简斯维尔》一书中所提到的，当代美国人如果没有上过大学，想要像父辈那样靠劳动过上中产的生活已经希望渺茫了。

此外，美国高等教育顶级机构的选择机制塑造了"虎爸虎妈"的行为，并且有可能加剧这种不平等。常春藤大学要求高中课程成绩优秀，标准考试（SAT）高分，同时要有丰富的课外活动（要么是才艺、体育，要么是创造性、创业或者社会公益活动）。这种要求让家长对孩子的包装愈演愈烈，直至引发了2019年春天美国司法部迄今为止起诉的最大的一起招生舞弊案。

中国经济过去40多年的高速发展，也把曾经的社会平衡打破。一部分人先富起来，拉大了社会的贫富差距。和美国一样，受过高等教育的中国人，在收入和职业发展上也大幅领先于没有受过高等教育的人。因为高考的独木桥，考试变成了零和游戏，中国形成了独特的"鸡血文化"，经济学家称之为"标杆竞争"。问题是，给孩子塞进去的知识，有多少是实用的？有多少是纯粹为了在竞争中超过对手？或者说，为了通过一次考试而付出的努力，有多少是能给孩子的未来加分的，有多少是浪费？

但并非所有国家的父母都如同打了鸡血一般。在一个比较平等，而且社会流动性，也就是竞争性不是那么激烈的国家，比如北欧的瑞典，家长的教育方式就会比较超脱、比较自由，给孩子更多自由生长的空间。有一次齐利博蒂去瑞典朋友家拜访，朋友家里6岁的孩子粗鲁地说：聊天声音小点，妨碍我看电视了。家长尴尬地一笑，建议客人到另一间屋里聊天，别打扰孩子看电视。这是一个极端的例子。瑞典家长这么做的原因很简单，他们希望给孩子充分自由成长的环境，让他们能自己去探索，而贫富差距相对较小和竞争并不激烈的环境也保证了教育程度的高下并不会带来太多收入的差距。

芬兰是另一个例子。二战后，芬兰用了一代人的时间就完成了彻底的经济转型，从一个只有农林业相关产业的贫穷国家转变成了工业、高端加工业和设计都领先的发达国家。芬兰转型背后一个很大的推手就是加强对孩子教育的投入，大力培养教师。芬兰给予教师有竞争力的工资和崇高的社会地位，同时通过教师岗位的激烈竞争培养出好的教师。

从实际效果看，瑞典和芬兰这些北欧国家的孩子虽然学习轻松，但是非常有团队精神，创造力也很强。

在比较平等，但是社会流动性比较强，也就是竞争比较激烈的国家，比如瑞士，家长还是会有比较强的动力去帮助孩子获得更好的机会。在瑞士，孩子 12 岁时有一次重要的考试，经考试筛选出的 20％的孩子走研究路线，未来能上大学。为了让自己的孩子能够进入 20％的名单，瑞士家长也会绞尽脑汁，花钱请私教，甚至休假来帮助孩子过"独木桥"。但因为社会比较平等，父母的焦虑感并没有那么强。

日本则是一个比较特殊的例子。一方面，日本社会的贫富差距小，社会流动性也并不是那么强；另一方面，东亚重视教育的传统让日本的高考竞争激烈。在日本，虽然考试压力很大，但父母讲究对孩子放手，很强调孩子的独立性。这种独立性与"虎爸虎妈"的过分呵护恰恰形成鲜明的对比。对独立性的强调让日本的家长更愿意放手让孩子去做事情，期待孩子能够负责任，从很小开始就能够照顾自己、打扫教室、参与劳动，而不是被呵护。日本的例子也凸显了"经济学只能部分解释不同国家教育体制的不同"的道理。

"虎爸虎妈"错了吗？

"虎爸虎妈"的出现，是经济和社会改变的产物，也是社会进化的自然产物。恰恰因为外部环境的变化，让一些人先时而动。从 20 世纪 80 年代开始，随着平等的社会契约被新自由主义打破，富人认为动用经济资源为自己的孩子争取更好的未来再正常不过。不平等意味着有些人在下一代的教育上能动用比一般人更多的资源，比如投入更多的时间和精力，很早就为未来设定明确的目标，并按照这一目标做出周密规划。而社会流动性加剧也让他们更清楚,不投资教育,孩子不仅不可能前进,还可能沉沦。

对"虎爸虎妈"的评判因此需要从三个方面进行:第一,"虎爸虎妈"的流行,是否加剧了教育军备竞赛中的零和游戏?第二,"虎爸虎妈"的教育军备竞赛是否会进一步加剧社会的圈层化?第三,"虎爸虎妈"所秉持的教育理念本身,对于孩子适应未来是否有益?

教育的军备竞赛在中国有愈演愈烈之势。一方面是优质的学校资源不多,学区房房价高涨,进入好的公立学校和知名的私立学校的竞争,从"幼升小"的阶段就开始了。另一方面,学习的压力日益增大,各种补习班纷至沓来,这让孩子能够先于学校的进度学习课本的知识,花更多时间练习、准备考试。前者是优质教育资源的"供"跟不上教育军备竞赛的"求",后者再次凸显考试的指挥棒作用。两者都指向了教育的负外部性,即在优良的教育资源仍然有限的情况下,"虎爸虎妈"军备竞赛的结果必然是人为地制造瓶颈,每个家庭都深陷不断升级的军备竞赛,花费越来越多的精力和时间,只为了在社会阶梯上向上爬,甚至只是为了确保不沉沦。这当然是极大的浪费。

"虎爸虎妈"的行为本身也会加剧社会的圈层化,因为随着军备竞赛的升级,需要投入的资源和时间都是贫穷阶层越来越难以承担的,只要看一看学区房不断上涨的房价就知道了。未来的危险是阶层的固化会因为教育的不平等而加剧,贫困人家的孩子出头的机会会更少,通过教育改变命运的机会也会更少。

"虎爸虎妈"的教育理念，也有不少值得商榷的地方。

"虎爸虎妈"对孩子的过度呵护会给孩子的成长带来负面影响，"虎爸虎妈"的孩子已经很少有机会在街上和不同阶层的孩子打交道了，他们就好像生活在一个"无菌"的环境中一样，学习和社会生活都被安排得井井有条。但除了学习和才艺之外，他们可能与外部的世界接触有限，也不容易应对未来现实生活中的困难。

父母对学习选择权的操纵，也让这些孩子可能没有太多机会对未来做出选择。"不让孩子输在起跑线上"成了多数人的信条，成了人人都追逐的目标。希望孩子能最快地进步，希望他们更早地发现自己的专业，钻研自己的专业，在自己的领域因为快人一步而比别人都强。问题是，最新的研究发现，在孩子的心智还在塑造的阶段，让孩子能够涉猎更广的领域，而不是过早专注于某个领域，有助于他们在成年之后找到明确的发展方向。比别人快一点，有时候并不是最好的选择。

那怎么做才能停止消耗巨大的教育军备竞赛呢？还是得从供给方面入手，对教育加大投入，创建出更多好的教育机构，让教育资源的分布更平均。比如，在中国，优秀的大学仍然是稀缺资源。西欧国家在这一点就做得不错，大多数西欧国家的大学教学水平都很平均，而且学费也并不贵，一些大学甚至免学费，让许多学生在高中阶段不用花费多少时间在教育军备竞赛上。

瑞典、芬兰与美国的教育体制就有着显著的区别。孩子需要积累很多课外活动的履历才能进入好学校，这种美国大学的招生标准,在瑞典人和芬兰人看来就很难理解,当然这也与瑞典和芬兰有着平均分布的丰厚的高等教育资源有关。

恰恰因为入学的竞争并不激烈,所以北欧国家虽然也有选拔孩子的考试,却能更贴近现实。比如芬兰也有类似大学入学资格考试的会考,但更专注于考察学生的成熟度和处理现实世界问题的能力。比如有一次会考考察的题目就涵盖了很多现实问题:如果失业了该怎么办? 如何看待别人节食的举动? 如何分析体育运动中的种族问题? 谈一谈年轻人的性观念……

当然,如果从进化论的视角来看,恰恰是因为中美家长在教育孩子上的竞争愈演愈烈,而且都基本围绕同一个范式,所以家长们在教育孩子上越成功,就意味着如果大环境发生巨大的改变,比如未来职场、未来工作需求发生巨大变化时,已经精益求精的培养机制就越有可能面临洗牌。

或许新技术给教育和职场带来的巨大变化,才能真正让"虎爸虎妈"转变,让因材施教从理想变为现实。

面向未来的教育改革

未来的教育,有两点因素特别值得关注。一是终身学习成为必须;二是技术的进步,尤其是大数据和人工智能的应用,也会极大地改变学习的方式,让个性化教育成为可能。两点因素都特别强调需要为教育更新一套操作系统。

原因很简单，现有的教育模式产生于第一次工业革命之后，很适应工业社会，目的是为工厂提供合格的标准化工人，为工人配备足够的知识储备，同时也帮助他们形成集体的概念，培养听指挥、守纪律的行为守则。向数字经济时代转型，必然需要对工业时代建成的一系列体制进行改革，教育也不例外。

数字经济时代，对适应重复劳动的工人的需求会骤减，而对探索未来未知领域的人才的需求会激增。因此，适应工业经济时代批量规模化生产模式的教育模式，要转型为专注于个性发展，发掘个体的不同，创建让每个人都能充分发挥自己特长的环境的教育模式。

推动这一转变的第一抓手是老师角色的巨大转换。

首先，教师需要不再把学习视为一种信息的输入，而应将其视为一种培养创造性、协作性和应对挑战的活动。《爱、金钱和孩子》一书把教育系统的组织模式大致分成两种：纵向组织的与横向组织。纵向组织像传统的一对多的教学模式，老师授课，学生记录；在横向组织的教育系统中，老师的角色则更像是小组讨论的组织者，甚至教室的编排也会因此发生变化，横平竖直一排一排的桌椅被排列成环形。

未来学生的挑战，已经不再是知识的积累，在既有知识领域，机器的存储能力无与伦比。教育赋予人最重要的能力应该是在复杂未知的环境中解决新问题的能力，这种能力需要创造力和团队协作能力。显然，横向组织的教育形式更能激发创造力和协作力。

　　其次，教师角色的第二大改变，是应该为知识提供背景，尽可能使课程内容与学生的世界建立起相关性，激发学生自主学习的兴趣和动力。套用我对零售业数字化转型的观察，教师需要做的，也是从产品到服务的转变，从单向地教授知识，变成创造环境让学生能更主动地参与到学习中，增强参与感。

　　例如，在语文教学中，有创造性的老师会让学生用当下熟悉的社交媒体工具去还原名著里的场景。在讲解莎士比亚名著的时候，一些美国老师就会鼓励学生重新创作莎士比亚的一些剧目，让主角用推特互通信息。这一下子就抓住了孩子的兴趣点，给他们提供了"新瓶装旧酒"的机会。想象一下，倘若语文老师鼓励学生把《茶馆》中人物的对白变成微信对话或者朋友圈评论，那一定既有意义又有趣。

　　在技术颠覆的时代，教师的角色非但不会被取代，反而会变得越来越重要。因为人工智能并不具备人的亲和力，老师作为学生的领路人，无可替代。整个社会因此需要去思考，未来要培养什么样的教师，如何给予教师更多的尊重与更多的激励。

　　技术同样将在这一转型中扮演重要角色。在线学习的兴起和人工智能所带来的个性化算法都让"定制化"学习变成可能，也让新时代的教育创新者能够探索更多可能。

　　第一种可能性是按照每个人学习的进度制订教学计划，甚至打破原有的基于年龄的分班制度，让进度相同的学生在一起上课。第二种可能性则是利用算法梳理出基础课程中所有的知识点，帮助学生按照适合自己的路径掌握知识点，查缺补漏。

不过，要在现阶段对个性化教育进行推广，仍然有一个问题亟待厘清。个性化教育到底是为了让学生能够按照自己的节奏掌握教学大纲所要求的所有知识点，从而更有效率地"刷题"，更好地去应对无法改变的"一考定终身"，还是真正在整个教育体系内，利用技术帮助每个学生更好地去体验学习的过程，发掘其好奇心，帮助他找到自己的特长和兴趣点，让每个人都有个性化发展的机会？

如果是前者，那么个性化教育将会成为教育军备竞赛中的一种全新武器。如果是后者，则需要对整个教育体系做全面的调整，涉及的不仅是班级的组成，还包括对学生能力的评价，以及如何帮助更多学生获得高等教育的入场券。

学生的考核机制是下一个需要做出巨大调整的领域。《平均的终结：如何在崇尚标准化的世界中胜出》一书就提出，工业经济时代最显著的特征就是泰勒主义，即用标准化的流程和标准化的测试来衡量结果。教育向个性化转型，首先就需要打破平均，打破用平均标准来衡量差异巨大的每个人的惯性思维。

对于中国而言，教育体制的转型，也需要顺应中国经济大转型的需求。

中国正面临从追赶型的经济体向引领创新的经济体的改变。因为有前人成功的例子，追赶型的经济体胜出的关键，或者说能在很短的时间内实施赶超的关键，是纪律、效率和勤奋。引领创新的经济体则不同，不再有前人成功的案例可供模仿，环境也无法为任何选择给出明确的反馈,新一代人因而需要更具探索精神,需要对失败有所包容,并学会从失败中汲取教训,也需要有能力应对复杂环境、解决复杂问题。这些都需要下一代人拥有独立思考能力和自主性,以及在此之上的创造性。

技术加速推动变革,未来会充满具有不确定性和未知的复杂议题,"虎爸虎妈"模式所制造出来的孩子,恰恰因为对既定目标的不断追求,反而有同质性和不够多元的短板。就好像 40 年前"散养"的教育环境无法重来,"虎爸虎妈"的方式日臻完善之时,应该是下一轮改变的开始。

数字经济时代的教育变革

转型期,最大的挑战莫过于教育。

梳理一下教育的历史,不难发现,标准化教育的出现与第一次工业革命密切相关。工业经济时代需要大量能够在流水线上工作的、有着一定技能、能够学习新技术的工人,标准化的教育恰恰满足了大规模工业化生产的需求。

数字经济时代,教育发生了巨大的变化。随着消费需求的日益个性化和3D打印等新技术的产生,规模化生产正在被颠覆,而自动化也让越来越多的工作岗位被机器所占领。科技带来的变革和迭代越来越频繁,工作的未来也变得更加扑朔迷离。有预测说,现在的孩子在未来的职业生涯中平均至少会换12次工作。教育到底应该怎样转型,怎样帮助孩子培养必要的技能,以使其适应这个快速变化的世界,成了当下最重要的话题。

家长至少有两方面的担心。一方面是人工智能加速颠覆未来,让我们担心,今天给孩子的教育,根本无法让他们应对明天巨大的未知。教育给予他们的知识与技能,可能因为明天机器对大量工作岗位的占领而变得分文不值。另一方面,当下的教育提供了更多的选择,让我们反而有了选择困难症。公立还是私立?体制内还是体制外?出国还是高考?每个选择都有支持和反对的理由。

对未知的恐惧、对道路的选择,往往让我们迷失了方向,忘却了教育的初衷。

不如反向推导:到底是什么特质,让人之所以为人?我想,这才是教育的第一要义。无论外部环境如何变化,我们都需要把孩子塑造成为一个能够应对复杂环境的人,一个成熟健全的人。

学会倾听,学会交谈

人最大的特质是社会性,人是社会人,是群体的参与者。人类从游牧、采集、狩猎到逐渐定居、开始农耕生活,社群变得越来越大,从小的部落变成乡村、市镇,乃至国家。可以说人是最具社交性的动物。

因此,教育首先就应该把孩子培养成能够非常好地融入社会的社会人。融入的技巧无他,最基本的有两点:第一是学会倾听,第二是学会交谈。

倾听，就是有好奇心也有耐心去听取别人的叙说，承认自己的无知，承认每个人都可能知道一些你并不知晓的东西。交谈，则是人与人有效沟通的基础，是连接变得日益复杂的群体中的成员最基础的纽带。交谈需要有一个讲者、一个听者，两者之间的角色是经常互换的，交谈是互动的。交谈的对象既是你的合作者，又是你的挑战者。之所以说是合作者，因为他在倾听你的叙述，他在意你说的东西；之所以说是挑战者，则是因为他同时会对你的观点进行批驳、质疑，给出不同的见解。

这种在意、这种质疑，恰恰是重要的反馈。得到他者的反馈是让人类拥有健康心智的前提，这也是为什么我们每个人都有责任让孩子得到来自不同人的各种反馈，在别人的反馈中成长，让反馈来推动他们融入社会。

学会倾听是为了更好地交谈，两者都有一个预设的前提，那就是讲者与听者之间的关系是平等的。而这恰恰是一些教育所忽略的，尤其是那种更强调灌输、强调自上而下训导的教育模式所忽略的——它要求听者记忆、背诵、默写，却很少在意听者的反馈。无法形成说者与听者之间倾听与反馈的循环，一方面会让孩子对灌输的东西产生反感，出现"左耳朵进，右耳朵出"的结果，另一方面也无助于促进他对知识的梳理吸收，以及培养他在这种梳理和吸收的基础上提出问题的能力。

倾听和交谈也是讨论和辩论的基础。辩论与鸡同鸭讲的吵架不同，所以辩论的能力也需要得到培养。美国心理学家卡尔·罗杰斯(Carl Rogers)就建议,如果两个人只会争吵而不会辩论,那么就得在双方之间确定一条规则:每个人在叙述自己的观点之前,必须准确复述对方的观点。

罗杰斯建议的规则,要义就在于首先要学习倾听,训练每个人在辩论之前通过倾听去了解别人的想法。而复述则是概括的过程、对对方观点进行梳理的过程,也是理解和剖析的过程。当一个听者真正做到了倾听,他也许会被别人的观点所感染;如果他能准确概括对方的观点,他就能看到其中的价值;如果概括之后他仍然持反对意见,也能更好地表达反对的理由。

讨论和辩论,归根结底是为了更好地思辨。思考、思辨,是人与机器最大的区别。思辨就是自己大脑中有两个甚至更多观点的交锋。好的思辨,需要你既是一个仔细的听者,又是一个清晰的讲者。因此,学会倾听、学会交谈是培养一个人思辨能力的基础。

所以,好的教育,可以从培养孩子倾听、和孩子平等地交谈开始。

好奇心比金子更珍贵

电影《美丽心灵》讲述了诺贝尔经济学奖获得者约翰·纳什(John Nash)的故事,好莱坞制片人布莱恩·格雷泽(Brain Grazer)因此赢得了一座奥斯卡的小金人(这里指电影《美丽心灵》获得了第七十四届奥斯卡金像奖最佳影片奖)。不为人知的是,格雷泽在好莱坞的第一份工作，是华纳兄弟娱乐公司的法律书记员。说是书记员，其实就是一个跑腿的，专门给好莱坞的明星、导演、经纪人递送华纳兄弟的合同。换做别人，这是一份挺清闲的工作，好莱坞的名人都有自己的秘书或者跟班，为其送快递非常容易。但是格雷泽却不这么看，他觉得这是他与好莱坞大腕近距离接触的机会，初来乍到，他对好莱坞充满了好奇心。

他绕过门童、秘书、跟班的敲门砖很简单：文件很重要，必须亲手递给收件人本人。敲开门，他就有机会和名人说上话，哪怕只有几分钟。那是 20 世纪 70 年代的好莱坞，大腕没那么大架子，哪怕接待的只是一个送文件的 20 岁出头的毛头小伙子，他们也大都会礼貌地邀请对方进来喝一杯茶。格雷泽也就借机会登堂入室。名人也是人，人都乐意聊自己的事业、自己的成就、自己的感悟。格雷泽从没有想要攀附谁，也没有提出过任何要别人帮忙的请求，他是真正感兴趣，好奇这些人为什么能成功，好莱坞又是一个什么样的圈子。

这样送快递送了一年多，23 岁的格雷泽终于有机会"拜访"好莱坞的大拿卢·威瑟曼（Lew Wasserman）。威瑟曼是拍出电影《外星人 E.T.》的大制片人，也是开创好莱坞大片新局面的大腕。

格雷泽表达了自己做制片人的梦想。威瑟曼没有那么多耐心听，扔给了他一个本子和一支铅笔："用笔在本子上写点东西。你必须有点子，因为你在好莱坞混，不能什么都没有。"的确，作为一名穷律师的孩子，格雷泽没有关系、没有门路、没有钱。威瑟曼的建议虽然突兀,却特别有建设性:既然你是一无所有的穷小子,创意又是好莱坞最重要的货币,那么挖掘创意就是你唯一的机会。

这次的"拜访"彻底颠覆了格雷泽看待好莱坞、看待自己的职业梦想的视角。创意是年轻人唯一的敲门砖,而要有好的创意,就必须有好奇心,自己过去一年一直坚持抓住机会向好莱坞各路大腕请教,其实正是走对了路。今后要坚持向更多,尤其需要跳出好莱坞的圈子,向真实世界里的成功人士问问题,这是找寻创意的不二法门。此外,还得学会把创意灵感写出来。

格雷泽的故事,是"好奇心比金子更珍贵"的故事。没有在好奇心的驱动下主动去问问题,他也许一辈子只能做到律师楼里面的小雇员。没有坚持去向大腕请教,他也不可能更早地清楚实现自己梦想的道路——比起懵懵懂懂的摸索,名制片人的一句话几乎是醍醐灌顶。

格雷泽的例子告诉我们,好奇心是敲门砖,只要有勇气去提问题,不气馁、能坚持,就能发掘出意想不到的机会。保有好奇心,就有可能向更多人汲取经验,将更多前人成功的经验运用在自己的学习和工作中。

更重要的是,有了好奇心,学会问问题,善于问问题,会帮助你更好地去解决未来的问题。很多孩子现在已经习惯在网络上查找问题,搜索答案。互联网的确可以帮助我们找到几乎所有问题的答案,但是互联网解答不了两类问题:一类是还没有问的问题;另一类是新的点子。这恰恰是未知的未来最难解答的两类问题。明天的问题，没有现成的答案；复杂的问题，也没有简单、正确、唯一的解。这些，都需要我们保持好奇心，愿意问问题，学会倾听拥有不同视角的人给出的答案，集思广益。

从这个意义上讲，格雷泽的案例其实从另一个角度就教育应该怎么做才能应对未来机器的挑战给出了建议：教育需要激发起孩子的好奇心，而且要让他们能保持好奇心，不断问问题，这是让人与人保持连接的最佳途径。而人与人有温度的连接，恰恰是人区别于机器的关键点之一。

为什么要学会"说不"？

教育孩子有很多角度，但是教孩子学会"说不"，却不一定在很多家长的计划内。先强调一下，这里所谓的"说不"，不是那种逞强、显示自己能耐的"说不"，比如说不做作业、不守规则。这里的"说不"，其实是教会孩子从小就知道做出关于"取舍"的选择是一件很慎重的事情，答应一件事需要付出大量的时间和努力。这一方面有助于培养孩子诚信的品质，另一方面也有助于让他们从小就清楚该如何合理地分配自己的时间和精力。

在现实生活中，能真正做到适时"说不"的人并不多，很多时候成年人也很难做到，因为"说不"并不容易。为什么呢？因为在人情社会，在大多数情况下，答应比拒绝要容易得多，因为答应会在人际交往中加分，而拒绝则需要更多的勇气，也需要承担情感冲突的后果。

举一个简单的例子。如果学校里今天鼓励小朋友参加书法比赛，明天号召大家参加征文比赛，后天又鼓励学生们提交设计比赛的画稿，很多家长都会嘀咕，到底要不要参加呢？从鼓励孩子参与的角度而言，答案似乎很简单：都参加嘛，没什么损失，又不是真要比赛出成绩，小朋友也不会有压力。

的确，想要在比赛中取得成绩，没有平时的积累，没有孩子的兴趣，无论是书法、作文还是画画都很难。那为什么还要参加呢？如果从学会"说不"的角度去思考，就会得出完全不同的答案。

反向思考，"说不"只是对一件事说不，而答应了一件事，其实等同于答应了许多件事情。以参加书法比赛为例。如果拒绝报名，事情就结束了。如果答应参加，其实小朋友不仅需要在特定的时间点去参加比赛，还意味着可能会在赛前的几个星期加强书法练习，可能要在周末找书法老师指点，可能是……不同的家庭对于这样的比赛所进行的投入是不同的，但可以肯定的是，答应参赛，绝不只是比赛那天出席那么简单的一件事而已。答应，会带来一系列新的工作，也因此要占用未来的各种时间。这才是学会"说不"时需要思考的取舍，取舍意味着一方面要想清楚未来做好这件已经答应的事情要付出多少时间和努力，另一方面也要思考这样的时间和努力是否值得。

所以有人比喻说，拒绝就好像是外科大夫的手术刀，精准无误；答应却好像渔夫的渔网，撒出一网去，泥沙俱下，什么货色都可能被捞上来。换言之，拒绝的东西很特定，答应的东西却要广泛得多。

当然，站在取舍的角度，还可以这么去看"说不"带来的优势。说不，并不像很多人看起来的那样，关上了一扇门。恰恰相反，只有学会"说不"，才会给自己留下更多可以在未来开启大门的可能性。拒绝了一件事，就给自己在未来留下更多的时间和经历去获得更多选择的机会。

相反，答应了一件事，并不像很多人心里以为的那样，是开启了一扇门。恰恰相反，答应了一件事，也就意味着你用掉了一个选择，未来的选择反而局限了很多。当然，这里有一个前提，就是"言必信"，答应了就要信守承诺去做，言而不信地瞎承诺不在讨论范围内。当然，答应了很多事情最后没有办法去兑现，那么丧失别人的信任也是非常严重的后果。

还是回到原先的例子。拒绝参加书法比赛，未来当有更合适孩子能力、更符合孩子兴趣的比赛出现的时候，他选择报名的底气会更足，因为不会有为了准备书法比赛而分心的担心，可以将注意力聚焦在更感兴趣的领域。

"说不"很难，但是会给孩子沉着的底气，因为他并没有轻易耗费自己的时间和精力，也为未来储备了更多可能性。相反，轻率答应很容易，但是会频添忙乱，因为答应的背后是时间和精力的付出。学会"说不"，就是做选择之前先想清楚，在时间和精力的付出上应该怎么去做取舍。在一个人人都希望积累各种证书的时代，学会"说不"，就是学会去选择、去取舍，只有学会选择和取舍，才能在快速变化的时代做出更明智的选择。

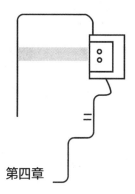

第四章

历史视角下的

中国与世界

吴晨精进 · 木木画书

The market can remain irrational a lot
longer than you and I can remain solvent.

—— A. Gary Shilling

期待理性,不如积极管理风险

晚期资本主义的改良

(《增长危机》序)

回溯一下,2008 年全球金融危机是全球化与资本主义走向的分水岭。一路高歌猛进的全球化和蓬勃发展的资本主义遭遇重创,危机发源于美国,波及全球。金融危机引发了一系列问题:为什么鲜有经济学家能准确预测危机的发生?经济学研究出了什么问题?为什么市场自由化和政府减少监管会催生诸如"忍者贷款"(NINJA 贷款,是指向没有收入、没有工作,也没有抵押资产的人贷款)这样高风险的市场行为?是什么让道德风险失控?为什么市场的激励导致银行家的短期行为,而使他们忽视了市场逐渐累积的长期风险?制度设计出了什么问题?为什么一些金融机构变得"大而不倒",却不得不由政府兜底纾困,但是几乎没有银行家为危机肩负起个人的责任？丹比萨·莫约（Dambisa Moyo）的这本书，是金融危机10年之后对这一系列问题所做的回答。她直截了当地指出，我们面临的是全球化"降级"的危机，金融危机暴露出来的种种问题恰恰是晚期资本主义的症候，而民主作为一项政治制度在西方国家普遍面临危机，需要改良。

全球化的危机已经暴露无疑。特朗普代表民粹主义大张旗鼓地叫嚣，这种叫嚣声裹挟了全球化输家的怨愤——这些输家是全球化过程中丢掉了工作的美国铁锈地带的蓝领工人，也是那些在全球金融危机中房屋被变卖的失房者，更涵盖了过去20年薪资停止增长的众多工薪阶层——却祭出了贸易保守主义的大旗，希望打破多边协商的贸易规则，挥舞美元结算和治外法权的"长臂"，重振美国的"雄风"。

深入思考，进入21世纪全球化高歌猛进的时代，人类最大的失误的确是对贫富差距拉大的失察。全球化给大多数人带来了价廉物美的商品，也给中国和印度这样的大型新兴市场国家以快速发展的战略机遇，却忽略了财富分配的不均，忽略了资本家在全球化盛宴中所攫取的收益远远大于工薪阶层的事实。全球化的时代也是以美国公司为主的跨国公司飞速发展的时代。现在，全球100大经济体中，69个是跨国公司，31个是国家，"富可敌国"已成为现实。最近20年，欧美企业CEO的薪酬乘火箭般上升，加上股权和其他激励，标普500公司CEO的平均薪酬已经超过企业全职员工平均薪酬的1000倍，达到了骇人听闻的水平，而在20世纪70年代，二者的薪酬差距平均只有 35 倍。

分配不公与贪婪,恰恰是晚期资本主义的症候之一,其背后是对米尔顿·弗里德曼提出的"股东利益最大化"的追求。在被金钱驱动的过程中,人们忽略了其他利益相关者的利益,以及"股东利益最大化"对企业长期价值可能带来的打击。给 CEO 丰厚的股权激励,鼓励了企业的短视行为,越来越多手握巨额现金的大集团选择通过回购股票来推高股价,毫不避讳地帮助管理层管理股价,代价是对公司未来投资的减少。管理层与普通员工的薪资差距日益拉大,连迪士尼公司创始人老迪士尼的孙女都看不下去。她站出来指责迪士尼给 CEO 罗伯特·艾格(Robert A. Iger)的薪酬太高,她认为艾格每年 6000 多万美元的薪酬,如果平均分配,足以给迪士尼乐园每位拿着时薪 15 美元的员工涨薪 15％,还能剩下 1000 万美元让艾格继续做富有的 CEO。

里根与撒切尔夫人所推崇的"小政府"和"去监管",在 20 世纪 80 年代的确为经济发展注入了竞争的活力,也避免了英美陷入"高福利国家"的困境。但是 30 多年后的今天,新自由主义似乎走到了尽头。概言之,新自由主义共犯有三宗罪:重视短期利益而忽视长期利益(子孙后代的利益);政府投资不足,尤其是对基础设施维护和新建的投资不足;寅吃卯粮,政府债务高企,却仍然更愿意通过减税来刺激经济,而不是努力增加盈余,改善财政状况。

莫约对美国的民主制度给予了深刻的批评。

一是金权政治流行。企业在政策游说上的花费水涨船高,华盛顿成为说客和律师们纸醉金迷的大都会，政治选举金钱开道，导致政客非但不能制约"富可敌国"的企业财团的扩张，反而有可能被进一步被套牢。特朗普打着"民粹牌"，宣称要清空华盛顿的"污水"，而在施政的过程中，他所任命的官员许多是代表企业利益的夹袋人物，比如他所任命的环境保护局局长，此前就是代表石油企业利益的说客。

二是选举政治变得日益缺乏竞争性。美国两党在议会选举中都特别热衷于划分选区，因为通过划分选区可以把更多支持者划入一个选区，减少选举的竞争性。在最新的美国众议院选举中，甚至出现几十个议员席位没有人挑战的局面。不受挑战的长期议员因为缺乏选民的监督而更有可能代表利益集团。

三是党同伐异，甚至不惜让政府停摆。美国政府关门危机屡屡发生，频次越来越高，恰是美国政治失灵的体现。

不过，坦率地说，书中提出的大多数改良方案有些过于理想化、缺乏实操性，有些带有明显的精英主义的倾向，有些则明显挑战公平性。尽管如此，莫约的讨论和建议仍然从侧面告诉我们，仅仅喊一喊民主和市场经济的口号，并不一定就能给新兴市场带来发展的动能。和任何制度一样，民主和市场经济的制度都需要设计、修改、更新。莫约的方案虽然可行性很小，但是她所发起的对于制度设计的讨论却很重要，只有不断改良和创新，才能重新找到制度的生命力。比如，针对年轻一代参与选举比例低的问题，莫约就提出应该进行强制投票，处罚那些大选时不投票的选民，让每个选民都珍惜参与政治的机会,让投票成为每个公民必须肩负的责任。这一点就并不是什么奇谈怪论,因为澳大利亚和瑞士早就已经实施了选举强制投票制度。

回到中国,《增长危机》也为探讨中国发展模式给出了新的视角。如何确保我们能更好地去规划中长期的经济发展路径,解决经济发展中积累的结构性问题?作为一个可调动巨大社会资源的大政府,中国如何能不断满足人民日益增长的对公共产品的需求,不仅仅是提供基础设施,还提供包括医疗、教育和养老等在内的各种社会保障?回答这些问题都需要从制度、治理创新与市场经济的调整方面着眼。

《增长危机》里提出了一些数据很引人深思。比如德国总理安格拉·默克尔经常提"7、25、50"这三个数字,即欧洲人口占全球人口的7%,欧洲GDP占全球GDP的25%,福利支出却占了全球福利支出的50%。这是一组惊人的数字,站在发达国家的视角,我们可以说欧洲国家的政府背负了沉重的福利负担,这也凸显了欧洲选民的短视,因为他们为了满足当下的福利要求付出了透支未来发展投资的巨大代价。的确,如果缺乏有效的平衡,普通老百姓对美好生活的向往,就可能成为对政府公共服务的予取予求。但是,反向思考,经济的发展必然带来福利需求的增加,如果一个国家的福利支出在全球福利支出中的占比低于这个国家的GDP在全球GDP中的占比,这样的短板迟早也得补上。

还有一组例子是美国基础设施的维护和新投资的缺口,计算下来大概有 2 万亿美元。自从 1956 年德怀特·艾森豪威尔总统进行建设州际公路的大手笔投资之后，美国在基础设施的维护和新投资上一直存在巨大缺口，以至于道路桥梁年久失修、问题多多。相反，日本一直注重基础设施的投资，但是很多项目成了政客的"分肥项目"，使用率很低的"大白象"项目不少，基建对经济的整体拉动有限。这两个例子都给中国基建的未来提了一个醒。经历了过去 20 年的快速建设之后，中国未来维护存量基础设施所需要的成本会和这些年来的美国一样，巨大的投资就意味着未来巨大的维修成本。好的计划，不仅要研判未来基础设施使用的需求变化，还要至少把维修成本计入未来的投资中。

印度是一面镜子

飞机降落,新德里的雾霾程度甩出北京几条街,飞机刚刚从霾中穿出就重重地落在了跑道上,能见度大概只有 10 米。全世界污染最严重的大都市,果然名不虚传。

距离上次去印度,已经过了 10 多年。可是机场外的道路仍然和 10 多年前一样,满满当当挤着车,单向三车道至少有 5 辆车并行,其间还穿梭着突突车、摩托车和自行车。转过街角,一群年轻人无所事事地扎堆,一个人旁若无人地在墙角小便。

午餐是在五星级酒店里吃的,酒店在新德里和北方邦交界的近郊,紧靠着轻轨站,可这周围并没有形成完整的社区,窗外仍然是大片的农田,天上有上百只老鹰在盘旋,据说这里的屠户会把牲口的下水直接扔在地上,给老鹰当美餐。印度第二大河亚穆纳河就在附近，河面上漂浮着各色想得到和想不到的垃圾杂物，污染触目惊心，但是远处还是有人在河里洗被子，铺开的被单五颜六色。

晚上在一间号称印度商场（Mall of India）的巨大购物中心的爱尔兰酒吧就餐，商场富堂皇，和上海、香港的购物中心没有什么两样。门口排满了接主人的豪车，司机拉开门招呼提着大包小包满载而归的太太小姐们上车。

如果说在哪里能在几小时内把第一世界和第三世界的景象看个遍，那一定是印度的新德里。没有人口流动约束的印度，把财富不均、分配不均等各种差距都挂在"脸"上，就好像三轮车、摩托车、塞满了人的面包车、各色小轿车同时堵在了路上。土地私有的印度，也给人以混乱的印象——五星级酒店之外的农田就是例子——因为规划不容易。一线大都市到五线乡镇的景象，全部堆砌在首都，也揭示了一条道理：发展中一定是有所取舍的——想要秩序井然，就需要暂时忍受贫富差距；想要每个人都有同样的机会，就必须容忍经济发展的参差不齐和文明节拍的不同韵律。

但是千万不要忽视混乱中自发产生的秩序。4 条车道上可以挤进 6 辆车，却很少出现擦碰事故，也很少因为事故造成堵塞，这就是一种混乱中的秩序。摇下车窗，各种喇叭声（并不是那种万马齐喑的喧腾，而是各自有着不同的节奏和韵律，传递出有效的也只有车流中的司机才能理解的信息）、人声、车声，伴随着车流的涌动，给人留下的是另一种韵律，仿佛大餐之后的麻辣烫，却并不令人反感。

在全球经济增速放缓的今天,印度是全世界经济发展最快的大国,GDP 年增长率超过 7%。同样,在中国的手机消费已经陷入低迷的今天,印度是全世界最大的智能手机增量市场,小米和 OPPO 摩拳擦掌争夺印度手机市场头把交椅,即使只能说几句英文的出租车司机还用着只有数字按键的老人机。

2019 年纳伦德拉·莫迪成功连任印度总理。莫迪式的铁腕改革、古吉拉特邦的发展模式(莫迪担任总理前是古吉拉特邦的首席部长,古吉拉特邦的发展模式与东亚模式类似)得到了大多数印度人认可。

在去新德里的飞机上,我读完了《华尔街日报》前驻印度记者詹姆斯·克拉布特里(James Crabtree)的著作《亿万富翁的天下》(*The Billionaire Raj*)。书中对印度经济的梳理恰好可以作为我访问的背景。

如果说克拉布特里的书以西方国家为参照系,那么中国则是印度的另一个参照系。印度的改革开放始于 20 世纪 90 年代初,晚中国十几年。当今的印度,与中国的差距大概也是这么远。但是印度又很独特,因为它是将第一世界和第三世界杂糅在一起做全景展示的世界,克拉布特里形容印度像夹杂了加州的非洲。

印度的繁荣始于 20 世纪 90 年代初 IT 外包的兴起,这也促使托马斯·弗里德曼在 21 世纪初写出了畅销书《世界是平的:21 世纪简史》。2007 年,印度经历了和中国一样的股市大跃进,全球金融危机之后,也同样经历了债务大爆发,有难以改革的国有银行坏账问题……印度恰好是映射中国的一面镜子，因为它给出了一个人口大国经济发展的不同样本。

经济发展的不同样本

曾经供职于麦肯锡公司，后来又加入印度政府的经济学家亚兰特·辛哈(Jayant Sinha)给印度经济把了这么一个脉。他认为，如果从经济构成上来看的话，印度经济可以被分成三块。

一是国有经济。这是"尼赫鲁时代"遗留下来的产物，贾瓦哈拉尔·尼赫鲁(Jawaharlal Nehru)坚持中央计划、自给自足、进口替代的发展模式，强调要保证国家对战略领域的管控。在印度改革开放之后，所谓的战略领域已经逐步缩小为钢铁、能源这样的传统行业，以及金融业。和中国一样，以国有经济为主体的金融业如何改革、如何化解金融业中的坏账危机，是印度经济面临的最大难题之一。即使铁腕如莫迪，至今也仍然没有给出令人满意的答卷。

二是自由开放的经济，这里指的是最为全球化、最受科技进步所推动的经济。自20世纪90年代开始，IT外包盛行。IT外包是印度企业发展的一股清流，产生的亿万富翁被誉为最干净的亿万富翁——比如说Infosys(印孚瑟斯技术有限公司)的老板。现在自由经济的代表则是移动互联网中的弄潮儿，包括电商公司和移动支付服务公司等。

印度是中国企业淘金的最佳市场，因为这里与中国有着5～10

年的差距，让投资人可以穿越到过去，以便"预见未来"。而且印度的商业氛围更浓厚，一两亿会讲英语的中产阶层消费升级的速度可能更快。中产阶层的技术敏感度也更高，小米主推的广告竟然是移动充电，而OPPO强调的是10分钟40%的快充，感觉着力点都在"码农"身上。

三是裙带资本主义，这是印度所特有的，也是去监管改革之后形成的政商关系的一种新的畸形扭曲。商人在土地和审批（比如说电信讯号使用权的审批）上与官员一起寻租，而在2007年经济快速发展之后更体现为集团企业与国有银行之间的某种"共谋"。这种共谋刺激了印度企业家的风险偏好，也让很多家族企业盲目扩张。

然而在受到2008年全球金融危机的冲击之后，这种盲目扩张积累下来的巨额坏账，已经有1500亿美元之巨，成了印度经济背负的沉重包袱。一方面，这种债务危机导致近几年印度经济发展下滑，使印度政府对基础设施投资不足；另一方面，这种债务危机迫使银行私有化，融资不透明、融资寻租变成了监管者必须解决的问题。

三种经济形式杂糅在一起，使印度经济成为面向未来和留恋过去的不同发展模式的大杂烩，更体现了旧财富与新财富的相互融合和竞争。

旧财富是英国殖民时代就积累起来的家族财富，在尼赫鲁时期进一步强化为与政府勾连的财富，形成一整套寻租方式。

新财富则是在印度20世纪90年代去监管和开放之后快速积累起来的财富，尤其是在钢铁、发电、电信、油气加工、汽车、航空等行业中积累起来的财富。而这种财富的积累也形成了一种共谋——产业与国有银行资本的共谋，或者更具体一点，是雄心勃勃、风险偏好很高的企业家与保守求稳、风险偏好很低、但名义收入也很低的银行家之间的共谋，其代价当然是当经济（尤其是全球经济环境）产生问题的时候，坏账风险被转嫁给大众。

创新创业在移动互联网经济中的确是亮点，但是夹杂在两种历史包袱沉重的经济之中，则难以独撑大局。

经济发展与制度建设

印度经济的发展，引出了一个重要的问题，那就是如何处理经济发展、制度建设和政府改革这三者之间的关系。对此印度也给出了不同的答案。

首先，经济的发展并不一定带来更好的制度。相反，制度建设和政府改革仍然需要很多人的努力。如果不努力，在经济发展羸弱期就积累起来的弊病，比如官员的贪腐和寻租，就可能变得更严重，从"零售"变成"批发"。

监管者和研究者并不是不知道印度存在裙带资本主义的问题。印度面临的改革挑战是如何使印度经济从以做交易（官商勾结）为基础的经济转变成遵守规则的市场经济——由市场来决定资源配置，监管鼓励竞争，不会有政策扭曲市场，纠纷可以由公开透明的法制程序来解决。而确保这些，都需要制度建设。

问题都很清楚,但是印度的去监管改革,远不彻底。如何与官僚共谋,仍然是很多商人的生意经。他们虽然不直接向官员行贿,但是可以给予官员和他们的亲属很多方便,比如帮助官员子女免费上私立学校、为其亲朋提供免费医疗保障、为其亲属婚礼提供免费场地等。

接受企业家提供的各种方便并不被认为是什么见不得人的事,反而成为社会运行的潜规则或者润滑剂。这也是为什么印度很多成功的商人都愿意使自己的生意多元化,去控股一些学校、医院和酒店,最好还能去收购一家当地的报社或者电视台,这样在官员选战的时候也能帮上忙。

IT 外包的兴起曾一度让人以为印度的创新企业可以完全摆脱过去的模式。但是最近 10 年,也就是 2008 年金融危机之后的 10 年,是否能成为亿万富翁仍然很大程度上取决于与政治的贴近程度。而在这 10 年间积累下来的债务问题也是企业与国有银行走太近的原因。开放、自由的市场经济能带来政府的改革,这样的想法在印度同样落空了。

其次,法治社会同样并不那么容易构建。当商人习惯于和官僚做交易的时候,想要构建一个保障经济运行的公开透明的制度框架并不是轻而易举的。

印度法制建设面临的最大挑战有两个,一个是诉讼时间太长,另一个则是判决很难执行到位。下面这个判例就很有代表性。信实电信(Reliance Communication)的老板亿万富翁安尼尔·安巴尼(Anil

Ambani)被印度最高法院判决藐视法庭。信实电信欠了爱立信一大笔工程款,迟迟不付,官司打到法院之后,安巴尼本人承诺最晚2018年9月付款,结果到了2019年仍然欠债不还。

不过即使被判藐视法庭,最高法院还是给安巴尼留足了余地,并没有直接把他扔进监狱,而且给了他一个付款的宽限期。

这个案子凸显出印度很多集团型企业公司在治理上存在太多问题。家族管理、老板一言堂、任用私人,是一方面问题;控股公司旗下企业相互交叉持股,信息不透明,向银行借款的抵押资产层层担保,是另一方面的问题。经济发展好的时候,高增长一美遮百丑,企业发展面临问题的时候就会因利益链交错复杂而一损俱损。安巴尼曾经一度问鼎印度首富,可是最近几年因为扩张过度和经营不善,身家缩水了99%,此次欠债不还也的确是因为旗下企业资金捉襟见肘,自己的股票又大多质押给了银行。

最后,印度的案例也证明,新兴经济体的发展其实并没有什么所谓的奇迹或者弯道超车。美国财政部前部长劳伦斯·萨默斯曾经认为印度可以构建一种全新的发展模式,走出一条不同于依赖发展制造业出口的东亚模式的新路。在21世纪的第一个10年,这种新模式是IT外包和咨询的模式,可谓藏拙,因为印度能培养出大量廉价的工程师,而获得铁路、公路、电信网络等基础设施的投资却不是那么容易。21世纪的第二个10年,这种新模式则是强调新崛起的一代印度中产可以拉动消费、拉动经济发展的模式。

翠鸟航空(Kingfisher Airlines)是这种弯道超车构想的最佳代

表。这家由亿万富翁维贾伊·马尔雅（Vijay Mallya）在 2005 年创办的航空公司宣称要把全球领先的服务与低廉的价格结合起来，推动印度航空市场爆发式的增长。我在 2007 年曾经乘坐过翠鸟航空的班机，每位旅客都会获赠一对包装精美的耳机，这的确让人印象深刻。当时很多人都认为，印度会像翠鸟航空一样很快成为全球领先的经济体，把贫困和低效抛在脑后。

经历了一段快速扩张期之后，翠鸟航空最终因为债台高筑而关门大吉。翠鸟航空只是一个幻象，虽然曾经吸引了众多人的眼球。它的勃兴和衰败也从侧面证明，这种片面关注跨越的发展模式空间其实很有限，发展到了一定阶段之后一定需要补短板。

亿万富翁马尔雅在最鼎盛的时候，不仅经营翠鸟航空，还拥有"印度力量"F1 车队。翠鸟航空的破产也让他惹上了欺骗银行、欺诈小股东的官司，不得不流亡到英国。克拉布特里在《亿万富翁的天下》中就评论说，马尔雅就是印度经济的缩影，雄心勃勃却缺乏纪律，有所创新但又常常想走捷径。

发展，其实并没有什么捷径可走。

改革者莫迪

印度总理莫迪 2019 年成功连任。

莫迪在第一个任期内有两大主要改革：一项是有点瞎折腾的货币改革，即在限定时间内换钞，莫迪希望以此来打击以现金交易为主的地下经济；另一项则是商品及服务税（GST）改革，希望打破各个邦之间的税收壁垒，把印度变成一个真正统一的市场。

印度缴纳所得税的人风毛麟角，相反以现金交易为主的地下经济却大为盛行，甚至买卖二手车也通过中间人进行现金交易，为的就是逃避政府征税。这也是莫迪要在 2016 年年底使出雷霆手段进行货币改革的原因。

新政严格保密的程度，史上罕见。莫迪希望限时换钞的举动能迫使那些从地下经济中获利颇丰的富豪与贪官，要么坦白黑钱来源，要么损失惨重。按照世界银行的估计，印度的地下经济约占印度 GDP 的 1/5。

除迫使地下经济浮出水面，打击"黑钱"之外，新政也试图"一石三鸟"：

第一，借此机会鼓励更多印度人来到银行，交易的电子化可以使交易流程更清晰，有利于税务机关将地下经济纳入监管之中，增加税收；

第二，新政也试图推动印度与国际接轨，加入以电子货币取代纸币的洪流之中，鼓励移动支付等创新在印度的普及；

第三，印度央行更希望能借此发一笔横财来"劫富济贫"。央行估计那些无法及时洗白或者不愿洗白的"黑钱"会占所有流动大额旧钞的 1/5，因为担心引税务人员上门，这 20％的钞票不会被存入银行换新钞。这意味着在兑换日期终止之后，印度央行可以将这笔空降的财富用于更合理的地方。

新政的结果是,印度老百姓都忙着排队换钞,而富人们却很容易就找到人肉换钞的办法。尽管有点瞎折腾,印度老百姓对莫迪并没有怨声载道,因为"劫富济贫"的口号在他们听起来很受用。

这么一折腾,莫迪"不按牌理出牌"的强人形象更加稳固。他有权威,有感召力,能办事,却很不在意规则。

其实莫迪本人的背景非常有意思。他是第一个来自低种姓的总理,从小生长在古吉拉特邦的小城,曾经在县城火车站做过卖茶和咖啡的小摊贩,受教育程度低,英语也是在竞选总理之前才突击进步的。小时候家里给他安排了包办婚姻,但和鲁迅那个年代的中国人一样,莫迪结婚后一天也没有在家里待过,而且很长时间并不承认自己包办婚姻的妻子的存在。不过我们说他这么做是要去争取自由的爱情和婚姻,毋宁说他是天生的政治动物。

莫迪所倡导的古吉拉特邦模式,强调投资建设基础设施、引进外资、改善营商环境、出口加工产品等。但是他又与当地的大亨保持着千丝万缕的联系。

成为总理之后,很多人寄希望于莫迪能打破政客、官僚、国资与企业家之间千丝万缕的联系。他也的确不负众望,上台之后对马尔雅的重拳打击给那些习惯了官商勾结(裙带资本主义)的老板们一个下马威。但是莫迪的施政仍然缺乏长效机制,并没有能够进行好的制度建设。甚至连他的古吉拉特邦模式也没能在全国推广。

未来是否将成为中美印的三国时代？

印度还是一个贫富差距日趋拉大，发展日益不平均的社会。这是研究印度的一大关键，因为印度的贫富差距就摆在"脸"上，好像孟买巨富的摩天大楼豪宅俯瞰着孟买的贫民窟那么刺眼。《亿万富翁的天下》把当下的印度与 100 年前的新镀金时代的美国做了对比。

在印度人看来，拉大的并不仅仅是贫富差距，基础设施投资的不均、文明习惯养成的步伐不一致，阶层之间的鸿沟也越来越大。这也不是印度所特有的，所有新兴经济体都面临类似的问题。

但是展望未来，印度仍然有不可忽视的优势。

首先是人口结构的优势。印度很快将超越中国成为世界上人口最多的国家，但是印度的人口结构比中国要年轻得多，印度的平均生育率仍然在 2.1% 以上，这意味着印度要应对老龄化的风险，至少还有一代人的时间。

其次，受过教育的年轻人关于家庭和育儿的观念也在发生巨大改变。他们保持有传统的一面，结婚后儿子都和父母同住，三代同堂，养儿防老的观念没有改变。但受过教育的中产阶层，并不急于生孩子，对儿子和女儿都一视同仁，而且很多人只愿意生一个孩子。这些都体现了经济进步带来的观念的改变，这一趋势在全球都一致。保守与改变同时存在，恰恰是一个国家转型期的特点。

再次，印度的年轻人，尤其是受过教育的下一代，其开放的姿态也给人以非常深刻的印象。参观甘地陵的时候，有很多身穿校服的中小学生冬游，看见我东亚人的面孔，都要围拢上来打招呼。一群小学生甚至排着队从我身前走过，每个人都与我击掌。这种开放的热情是非常少见的。

最后，印度仍然拥有巨大的潜力。印度的海外移民遍及全球，美国全国 1/3 的汽车旅馆都是由古吉拉特邦的海外移民经营的。随着印度经济的发展，海外移民对印度经济的贡献，无论是投资、贸易还是观念的改变，都将越来越重要。

拉古拉姆·拉詹就是一个非常好的例子，他长期执教于芝加哥大学，2005 年就率先指出全球金融创新可能引发的风险，一度出任印度央行行长，现在又重归教职。他对印度经济的批评一针见血，他担心企业家通过钻营来获得政府许可，因而鼓吹监管改革。而在印度任职的经验，也让他对发展经济学有了新思考，他在《第三支柱》(The Third Pillar)一书中提出社区对发展起至关重要的作用。

当然，如果和中国对比，印度最大的差距仍然在基础设施上。研究者预测印度如果要真正发挥其经济潜力，需要在未来 20 年投资 4.5 万亿美元在基础设施建设上。印度其实已经开启了建设模式，随处可见新建的道路和桥梁，和 10 年前的基础设施相比已经有了很大的变化。从德里到阿格拉之间的高速公路，与中国的高速公路已经没有多少差别了。

如果印度能保持 7% 以上的经济增长率，持续投资基础设施并非难事。难的其实是如何将如此大规模的投资管理好。如果没有稳健的保障制度和较强的管理能力，基建投资很可能成为寻租的天堂。

克拉布特里预言，全球经济未来的竞争将是中、美、印三个大陆大国（洲际经济体）的三国演义。虽然印度对于很多人来说还很陌生，但是如果从它的发展轨迹和潜能来看，此言不虚。印度其实不仅是映射发展模式的一面镜子，也将是中国创新企业当下的机遇之所在，以及中国未来的竞争对手。

从中国的视角看埃及

作家何伟（Peter Hessler）曾作为英语教师和《纽约客》的记者在中国待了十几年。他的非虚构三部曲——《江城》《甲骨文》和《寻路中国》，都是细致观察中国的人和事的佳作，也启迪了一大批中国非虚构写作者。2011 年，何伟携妻子和双胞胎女儿去了埃及，一住就是五年多，他用自己五年多的观察，写出了《埃及的革命考古学》一书。

有一次，何伟问一位在埃及经营内衣店的中国商人是怎么评价埃及的。中国商人的回答令何伟震惊。"埃及男女太不平等了！"中国商人很激动地说，"埃及想要发展，首先需要男女平等，比如允许女性出来工作。"

何伟拥有别人所不具备的视角。他不像很多西方记者那样，只对埃及做蜻蜓点水、浮光掠影式的观察，他乐意深入社会的肌理，与底层老百姓交朋友，去看一般人无法看到的埃及的复杂面。一家人在埃及生活五年多，双胞胎女儿从褓褓长到上小学，以至于认为自己是埃及人。他在中国 10 多年的游历，也给了他一双有别于其他西方记者的"眼睛"——拿中国的发展对比埃及的停滞，用中国的历史比照埃及的历史，用那些在埃及闯天下的中国商人的敏锐灵活反衬埃及过去几十年的因循守旧，每每别开生面。

中国商人眼中的埃及

在埃及经商的中国人以浙江人居多。20 世纪 90 年代，第一代浙江商人开始往埃及"倒腾"商品。《埃及的革命考古学》一书里记述了其中一个商人的故事，他第一次到上埃及（指埃及南部地区），带了内衣、珍珠等几种商品，结果发现内衣卖得特别好，就开始专注内衣生意。除了从中国进口内衣，他还在埃及腹地开设内衣零售店。

中国人经商最常见的就是夫妻档。男人负责供货，与当地人打交道；女人负责看店，招呼女性顾客。既然选择做内衣生意，无论是老板还是老板娘，都练就了一套"好把式"，只要瞄一下顾客的身材，就能拿出合适尺码的内衣。

在男女有别、传统女性都用头巾把自己包裹严实的埃及，这种中国夫妻档开的内衣店与其他埃及店铺形成了极大的反差。来逛店的女性顾客并不介意男老板看店。埃及人开店，男性如果和女性顾客打交道,总是免不了对女性顾客进行"性暗示",中国男老板可没那个闲工夫。内衣店的火爆,也从侧面凸显了女性在埃及被压抑的现实。新娘在未婚夫、母亲甚至弟弟的陪同下一起买内衣的情形比比皆是。在埃及,内衣算是新娘的嫁妆,由娘家支付费用。新娘会一次买上几百美元的内衣,这种采购的阵仗连美国人也比不得,埃及人却觉得很正常。在埃及,新娘出嫁后一般就不再工作了,成为家里的"玩偶","玩偶"与"新娘"两个词在埃及阿拉伯语里是通用的。

中国的夫妻档给埃及员工留下了深刻印象,甚至带来了新风气——男女平等的新风气。在店里打工的埃及女帮工(大多是出于无奈才打工的,这样的女人常常找不到婆家)也认为中国人直接、有干劲、不会骗人。她们吃惊地赞叹着中国老板夫妻俩的平等——什么事情都商量,也会吵架,但是绝不是男人只想着主导女人,对女人颐指气使。这和埃及不一样。70多年来,中国女性获得的巨大解放,在中国之外,显得更突出了。

耐人寻味的是,这些在埃及打拼的中国商人对埃及的宗教、文化、语言、习俗几乎一无所知。他们大多数出国前都没有受过高等教育,也没有正式学过阿拉伯语,没有哪家内衣店里有阿—汉词典。他们应付客人用的埃及阿拉伯语都是在生意中学到的。因为打交道的大多数是女顾客,中国商人无论男女,埃及阿拉伯语都有着一种"女性腔",汉语里是没有对应的词性或者特别表示尊敬的敬语的。

这种语言与文化的隔阂让中国商人可以更好地做内衣这样敏感的生意，因为他们可以超脱于埃及的乡土社会生活，他们做起生意来会更就事论事、更纯粹。客户光顾过后，也丝毫不必担心他们去嚼舌头。

浙江商人有属于自己的"生意经"。他们担心在埃及扎堆会陷入不良竞争，于是像捕食动物一样，沿着尼罗河上溯，在不同的居民点圈地，划出各自的经商范围。根据居民点人口的多少，圈地的范围从二三十平方千米到四五十平方千米不等。靠着卖内衣赚得的第一桶金，浙江商人又投资了塑料回收项目，内衣店则交由嫁了人的女儿继续打理。

这边生意正做得热火朝天，埃及的经济状况却在 2010 年之后急转直下，埃及镑 5 年之间贬值了 2/3。因为埃及采取外汇管制，从中国进口商品不再赚钱，很多人只能选择离开。这是生意人的无奈。他们可以不去深究当地的语言文化，依赖自己的商业敏锐度把生意做起来，但是大环境动荡时也只能做一叶扁舟。

用中国模式衡量埃及经济

缺乏男女平等，是中国商人对埃及社会、经济一针见血的观察结论。女性被束缚在家庭之中，没有被解放，是埃及经济发展的一大软肋，而埃及经济发展的另一软肋则是年轻人的高失业率。

埃及拥有 9000 万人口，25 岁以下的年轻人占总人口的比例超过 50%。尼罗河贯穿国境,沿河分布的市镇和人口让建设路网等基础设施变得很容易;国家毗邻红海和地中海,控制连接欧亚最重要的贸易通道苏伊士运河……总之,埃及有着优越的地理条件。如果单纯从经济发展的视角去评判,埃及一方面拥有巨大的人口红利,另一方面拥有非凡的地理优势,可以轻松复制中国或者东亚其他国家的发展模式,如果能有效吸引外资,发展出口加工业,潜能是巨大的。

然而现实却是,埃及的 GDP 2017 年在全球排名第四十三位,只相当于中国黑龙江省一个省的 GDP。出口对 GDP 的贡献只有16%,远低于中国的 30% 的水平。

为什么埃及很难拷贝中国的发展模式?

对比埃及和中国,我们会发现在社会发展上,两国有着显著的不同。改革开放之初,中国就做到了基础教育的普及,农民工至少有初中水平,很多还读了高中。他们进入城市后,马上就能进入组织有序的体制中,在工厂里从事分工明确的工作。他们从舍友、同事和媒体处了解资讯,不依赖村子内的长者或者亲朋好友,因此拥有更强的学习能力,也有机会学习系统和流程。很多人都意识到,只有不断学习才能在生产线上脱颖而出,其中的佼佼者也并不掩饰自己有朝一日也要开厂的雄心。

中国的基础条件,埃及是不具备的。埃及对基础教育一直缺乏足够的投入,公立学校人满为患,孩子只能在上午或下午来学校上课,上半天的学。因为阶层分化严重,中产以上的家庭都把孩子送到用英文或法文教学的私立学校。埃及年轻人平均受教育水平比中国要低很多,低收入家庭女孩不识字的情况仍然很普遍。

埃及城镇化的过程也与中国迥异。简言之,中国是把进城务工的农民工变成市民,埃及则是在大城市内重新构筑乡村。埃及的城镇化更像是把乡村搬进城市来。在这个过程中,进城的农民全然没有斩断与乡土的联系,他们仍然与农村关系紧密,最主要的消息来源和经济保障仍然是家族。

埃及的幅员相当于中国的一个大省,因为距离近,城镇化过程中这些进了城的农民要斩断与乡村的联系很困难。在中国,从内陆农村向沿海大都市的迁徙,动辄要跨越几千千米。在埃及,农村人进城最多也就是几小时的车程。结果是,埃及超过 2/3 的人口居住在开罗方圆 3 小时车程的区域内。开罗人开玩笑说,城镇化只是把开罗从城市变成了大农村。

何伟观察到,埃及最大的悲哀,恰恰是大多数人都没能去重新思考女性和年轻人在社会中的地位,并给予他们足够的关注。超过 55 岁的老人只占埃及人口的 5.7%,却拥有巨大权力。

古老埃及的历史似乎也印证了这种"尊老"在文化上的持续性。考古发现,古埃及很少有人能活过 50 岁,很多人在 25 岁之前就死了,所以在埃及历史上,老人很吃香。从西方和当代的视角来看,年轻人在很多国家意味着潜在的巨大人口红利,但埃及的视角却不同,年轻人多反而衬托出人数相对少得多的老人的"珍贵",因为他们稀缺,他们有经验,所以他们拥有更大的权力。人数众多的年轻人被社会认为是可以浪费的，并不值得珍惜。这是埃及的悲哀！这个古老的国度因而至今还被掩埋在历史的土堆里。

不同的发展路径

为什么城镇化让开罗变成大农村？因为农民进入开罗后，总希望自己有落脚的地方。所谓城镇化，就变成了在开罗主城区附近自主修建城中村。埃及严格保护农业用地，却无法阻止底层人民通过贿赂在小片农业用地上修建自己的房屋，当房屋越建越多形成村落后，政府只得"睁一只眼，闭一只眼"，给这些村接上水电，并且很高兴地向他们收取水电费——毕竟政府不需要有任何基础设施的投入。据说，这样的城中村建筑 90％ 都通水通电。

对于这些建筑，埃及民间有自发的法律保障，有专业律师拟定的地契和房契，也有交易。这些楼房也并不像拉美的平民窟，它们都是两三层的楼房，地基是水泥的，结构是钢筋混凝土的。很多楼顶的柱子上都裸露着钢筋，因为两三层楼房并不是成品，大多数搬到城市的农民都算计着，等日后有钱了，家里人口增加了，还会再加盖，给儿子和他未来的媳妇住。

因为这种自建的城中村的存在，大多数人，包括穷人，都住在开罗市中心 10 平方千米的范围内，而不是像其他的城市，穷人需要散落在郊区。埃及前总统贾迈勒·穆巴拉克（Gamal Mubarak）曾经计划在开罗远郊的沙漠里建设几十座卫星城，但除了有钱人在那里买别墅之外，并没有多少人移居卫星城。开罗的城镇化——二战之后70多年开罗人口从200万增加到1800万——因此也和许多大城市的不一样，在许多大城市，穷人住在市中心，而一些富人却移居到郊外。

城中村最缺乏的是交通基础设施，这里不通巴士和地铁，开罗环城高速公路就从村子边上开过去，却不留任何上下口。但这并不妨碍城中村里的人，他们会自己想办法解决问题。在2011年政府更迭之际，村里清真寺的阿訇就募捐、组织人力，自行设计建设了连接高速公路的上下匝道。在警察都忙着在市中心维持秩序无暇他顾的半年时间里，上下匝道建成了。虽然山寨的匝道比正常的窄小陡峭，但不妨碍车流进出，开通之后也没有发生过交通事故。政府对于这样的违建选择默认，后来竟然在高速路上竖起了新匝道的指示牌。这种村民众筹建设的上下匝道只花了政府投资金额的一半，完工时间却快很多。随着时间推移，这种自建匝道在五千米范围内就有五六个。看似混乱的城中村，仍然有自发的秩序。

可惜的是，埃及政府并没有因势利导，将这些自发的秩序真正熔炼为城市的一部分。

埃及的国家机构庞大，有600万公务员，吃“皇粮”人数接近总人口的7%。埃及公务员的绝对人数是美国的2倍，按照占总人口的比例来算是美国的7倍。如此臃肿的国家机构，必然导致人浮于事，基层公务员贪腐成为常态。拥挤的办税大厅就是一个例子，每个窗口的公务员都有一套自己的索贿说辞：你明天再来吧（10埃及镑,约为 4.36 元),我得喝杯茶(5 埃及镑,约为 2.18 元)……办税大厅的拥堵营造了行贿受贿氛围,没有钱但有时间排队的穷人是最好的背景,迫使那些希望快点办事的有钱人用金钱开道。

　　机构臃肿令政府财政捉襟见肘。光是给公务员发工资就得用掉国家预算的 1/4,还有 1/4 预算被用于支付债务的利息。为了取悦老百姓,确保大多数人都能达到温饱,政府还要花很多钱去补贴日用品——从汽油到面包。补贴占去政府开支的三成。如此一来,根本没有资金被投入到必需的基础设施建设或者教育中。社会商业发展停滞,仅有的一些企业很难创造出更多的就业岗位,年轻人失业率在 20% 以上,开罗有 25%～40% 的人口受雇于非正式的行业,经济毫无活力可言。

　　埃及无法借鉴中国或者东亚其他国家的发展模式,因为没有建立起良好的治理体系,没有建立起有效的管理机制,即使有再多的资源禀赋(比如地理优势和人口红利),也很难发挥作用。穆巴拉克下台后,西方国家曾一度很兴奋地以为可以按照他们的模子重塑埃及。何伟却认为,所谓的革命,根本没有缓解埃及存在的深层次矛盾,如果夫妻、父子、长幼,这些最基本的伦理关系都不变,如果国家的治理体系不能从根本重新设计和建设,那么革命根本没必要。

埃及如何走出历史?

　　埃及并非没有试图去学习中国的发展模式。政府吸引中资在毗邻苏伊士运河的地方建立了出口加工区，希望复制中国当年吸引外资的模式。绝佳的交通位置，足够的政府优惠，便宜的劳工，但招商的成果却一直不乐观，吸引到的一些工厂曾经雄心勃勃，可几年内就关门大吉。

原因出乎很多人的预料。虽然埃及超过两成的年轻人没有工作，工厂要管理好男性工人却并不容易，所以加工区的企业更希望招女工。在一些生产线上，比如制衣厂或者电器厂，女性也因为心细有耐心而受到更多欢迎。投资者以中国的逻辑投资埃及，产生了严重的误判。与中国女性不同，当地女性结婚之后，丈夫很少允许她们再出来参与工作，所以只能招到年轻的未婚女工。但是因为习俗的关系，未婚女工的父母绝对不会允许她们离开家住集体宿舍，所以让女工住在厂里两班甚至三班倒的设想，在埃及根本实现不了。一家位于出口加工区的工厂，每天早上用大巴把女工从附近城市运到工厂，下午再送她们回城，通勤耽误了很多时间，只能安排一班作业。在贸易旺季，让她们像中国女工那样加班加点根本不可能。

这些女工的追求也和中国女工很不同。她们之所以出来做工，都是希望攒下钱来购买足够好的嫁妆，让自己嫁人的时候能体体面面的。所以一旦挣到足够的钱，她们就会选择离开。何伟曾经问其中一位，是否考虑未来在工厂学到经验以后，用自己积攒的钱去开一家工厂。女工笑着回答：压根就没考虑过。

还有那位一语点破埃及性别不平等病灶的浙江商人，他在上埃及开内衣店,发现小城里到处是乱丢的塑料垃圾,没有人清理。别人看到的是当地的脏乱差,他却嗅到了商机。他回到浙江,托关系找到塑料垃圾回收厂,花钱购买了一条塑料垃圾回收生产线,并将之运到埃及,在几名中国工程师的帮助下,很快就把塑料垃圾回收厂建了起来,然后他开始发动当地无业青年投入到捡塑料垃圾的"事业"中去。

浙江商人把塑料垃圾回收厂制造的塑料卖给开罗的其他中国商人,后者将这些塑料加工成各种产品的原材料,其中一部分材料也被用在当地生产的内衣中,内衣在浙江商人的内衣商店里销售,完成了废材料在中国商人商业圈里的循环利用。塑料垃圾回收厂建成一年就赢利了至少 5 万美元,直接给当地人创造了 30 个工作岗位,给很多无业年轻人机会,更清理了环境。

西方国家援助了埃及几十年,每年的援助金额达到了几十亿美元,但是在上埃及,第一家塑料垃圾回收厂却是中国内衣商人建成的。是讽刺还是埃及的整体发展模式、发展思路都出了问题? 援助是否助长了埃及官僚的不作为?

一群和埃及当地人在宗教和文化上有着巨大隔阂,也根本没有意图进行跨文化交流的中国商人,反而对解决埃及存在的问题起到了作用,他们对该如何去解决这些问题有着深刻得多的见解和极强的行动力。他们对埃及既有认知的挑战振聋发聩:为什么女性就应该待在家里? 为什么女性不能就业? 这难道不是最大的浪费吗? 这可能正是埃及走出历史、开启变革之路,所需要迈出的第一步。

像亚伯拉罕·林肯一样，做一只狐性的刺猬

英国哲学家以赛亚·伯林（Isaiah Berlin）有一则有关狐狸和刺猬的譬喻广为人知："狐狸知晓许多事，而刺猬只专注于一件大事。"这句话被用来形容两类人：用狐狸比喻那种心思灵活，遇事应变能力强的人；而刺猬则代表那种做事一根筋，却能持之以恒、坚韧不拔的人。从历史上的名人身上大多可以找到狐狸或者刺猬的影子，但真正伟大的人却常常能把这两种看似矛盾的品格集于一身。美国历史学家约翰·加迪斯（John Gaddis）在《论大战略》（*On Grand Strategy*）中对这种同时具有两种品格的人推崇备至，加迪斯认为历史的大转型期，需要的正是能同时驾驭这两种品格的人。

林肯就是最好的例子，他就是大转型期中一只有狐性的刺猬。

加迪斯对林肯的评价是："坚定而不任性，正直而不自以为是，

正义而不说教。"连续三句话都是为了解释林肯如何将貌似矛盾的品格融于一体。

废奴前夜

美国南北战争是林肯面临的最大挑战,在南北战争中废奴则是他终身的成就,为后世垂范。如果梳理一下林肯如何打赢内战,避免了国家的分裂,又是如何最终废除了奴隶制,消灭了美国建国以来最大的不公平,我们不难发现,"目标坚定,手段灵活"是他在转型期成就大事业的不二法门。

美国内战爆发前的 1859 年,是值得关注的一年。在当年的一次拍卖上,黑奴的人均价格超过 700 美元,以此计算,整个南方 600 万黑奴价值约 40 亿美元。黑奴相比土地而言,是更好的资产。美国南方的土地优劣不一,且不是那么容易流转,黑奴则不同,因此围绕黑奴的交易非常热络。一年之后,1860 年的另一次拍卖,黑奴的人均价格超过了 1000 美元。有一阵子社会上形成了"黑奴热",就像淘金潮一样,黑奴价格被不断推高,甚至黑奴的孩子(家生子)的价钱也水涨船高。这体现出当时的人要么对南方奴隶制度在很长一段时间内都不会被废除非常有信心,要么就是背后有巨大的金融驱动力。

黑奴制是美国独立之前遗留的最大的政治包袱。为了赢得创始时 13 个州的联盟,美国开国元勋用维持现状和搁置争议的方式避免正面应对非正义的黑奴制度，把解决黑奴制度的问题扔给了后人。黑奴被界定为人与资产合二为一的共同体。作为人，他们按照3/5的比例计入各州的人口，作为计算各州众议员名额的基数（每个州按照人口的多寡确定众议员的人数），同时美国宪法也把奴隶视作一项财产，给予奴隶拥有者财产保护。

这种做法是一种典型的对南方的妥协行为，黑奴人口打折计入总人口，保证了南方以人口计算的总统选举的选举人票数和众议员人数，使南方足以在美国建国早期的政治对抗中与北方匹敌。对作为资产的黑奴予以宪法保护，则确保了南方农场主的经济利益。

这种平衡在1860年前后被打破，北方吸收了超过200万来自爱尔兰和德国的移民。打破了南北人口平衡，也就打破了政治平衡。在美国拓边的西进运动中，南北方的政治博弈聚焦在奴隶制的存废问题上，南方竭尽全力将新领地发展为蓄奴州，因为他们担心如果自由州的数量显著增加，在联邦参议院里的南北政治平衡也会被打破。

第一次工业革命后由英国引领的全球化让美国北方越来越不能失去南方。南方的棉花为棉纺工业提供了最重要的原材料，也是美国出口的大宗商品。同时，北方的工业化进程刚刚开始，需要进口大量的英国工业品，比如说铺设铁路的钢轨和火车的机车。南北经济，一个出超，一个入超，整合起来恰恰保证了美国经济整体的国际收支平衡。南方如果独立，北方将陷入支付危机。

这就是林肯就任美国总统之后面临的棘手局面。南方为了维持奴隶制,不惜以退出联邦作为要挟,因为在南方庄园主看来,于公于私,如果废奴是大势所趋,他们都将是受损害的一方——政治天平倒向北方,在经济上则是最重要的资产清零,甚至债务累累,因为以黑奴作为抵押的借款比比皆是。

南北战争可能避免吗? 联邦政府可能用赎买的方式来解放黑奴吗? 不可能! 美国政府当年的预算只有 6500 万美元,以 1859 年黑奴的资产价格计算,联邦政府要 62 年不吃不喝才能负担。

林肯因此只有一个目标,对此他异常坚定,那就是确保联邦不瓦解,确保南方不独立。

林肯其人

马克思称林肯是"劳动阶层一心一意(为民谋福利)的儿子"。和许多同时代的人相比,他没有显赫的家世,不是开国元勋的子侄,他出生在肯塔基州一个贫苦的家庭。他没有受过正规的高等教育,18 岁开始做过各种不同的职业,其中包括土地测绘员。

在政治上,林肯也不是年纪轻轻就独占鳌头的那种,甚至可以说他是一步一个脚印在政坛稳扎稳打的典型。25 岁他竞选伊利诺伊州的州议员成功,连任 3 届,经过州内政治的洗礼,他开始树立起进军全国政坛的雄心。37 岁的时候,他经过几次竞选失败,终于当选联邦参议员,进入首都华盛顿政坛。1860 年,他成功当选美国总统,此时他 51 岁。

加迪斯在《论大战略》里认为一个优秀的领导者需要驾驭三大重要元素：规模、空间和时间。

规模，就是恰当的比例，也就是处事懂得拿捏分寸，不惊慌，不自满，有韧性，有应对。空间，是理想与现实遭遇时的场景，需要有大局观，有灵活度，敢于取舍。时间，强调的则是把握好恰当的时机，有等待的耐心。

能够驾驭这三点，需要经验的积累与现实生活的锤炼。科学家对复杂生命体的研究结果表明，混乱中往往能诞生秩序，尤其在生命体不断涌现和变异的过程中，反而能形成适应新环境的能力。人也是如此，能够适应新环境的能力就是韧性，有韧性的人比思想僵化的人更容易适应未知的环境。

林肯有基层的磨练，有失败的经验，从小事做起，在政治上并不谋求晋升的速度，有足够的耐心等待自己争取下一个政治目标的时机。机会来临的时候，他的政治野心也会增长，但从来不会跳出可控的范围。在任何时候，他都保持低调，懂得韬光养晦。

林肯很懂得 humility（谦逊）与 humiliate（羞辱）的区别，这两个英文单词都源自同一个拉丁语词根，也就是"接地气的""根植于土地的"。追根溯源，谦逊的本意是扎根土地，因为和别人一样接地气，所以才会谦逊，才会知道自己的平凡和不足，才不会自以为是。而脱离了生长的环境，开始离地飘升，缺乏地气，与平民百姓的距离越来越远，自满自大，最终则可能落得被羞辱的结局。

美国历史上第六任总统约翰·昆西·亚当斯（John Quincy

Adams,以下称小亚当斯)与林肯形成了鲜明的对比。小亚当斯是美国第二任总统约翰·亚当斯(John Adams)的长子,也是美国建国者二代中的佼佼者,是一个从小被以成为美国总统为目标进行培养的人。小亚当斯和他父亲一样,只做了一任总统,而且得位不当(虽然在选举人团的投票中落败,但因为竞选者没有人赢得多数票,所以小亚当斯最终用幕后手段,经由众议院选举当选)。下台之后,小亚当斯竞选联邦众议员获胜,算是自降一等,然后真正深入基层,这才在政治上有所建树。这也是美国历史上绝无仅有的一例,卸任总统之后会选择竞选政治影响力要低得多的联邦众议员。对于小亚当斯来说,这是他的救赎。

小亚当斯显赫的家世给了他宏大的期望,这种期望激励他、推动他,也成为他脑中萦绕不去的梦魇。在关键时刻,也就是1825年大选时,选举人团投票99:84,他的竞争对手安德鲁·杰克逊(Andrew Jackson)领先的时候,他失去了"常识",没有大方地认输,而是利用规则漏洞和幕后操控攫取了总统之位,不仅任上少有建树,而且在四年之后被灰溜溜地撵下台。他后半生之所以在众议员位子上做了20年,就是因为那儿接地气,那儿能让他找回并运用"常识"。

通过林肯与小亚当斯的对比,我们可以得出这样的结论:不断在摸爬滚打中积累的经验(也就是在混乱中形成的韧性),比那些无知者的无畏要强,因为无知者面对挫折的冲击会不知所措;同样,拥有丰富经验的人也比含着"金勺子"出生的人要更能适应未知的环境,因为他们不会自以为是。

坚定的目标，灵活的手段

1861 年南北战争打响之后，废奴为什么不是林肯的第一个决策？林肯打南北战争不就是要解救黑奴于水火之中吗？

不是的，废奴不是林肯坚持的目标，他的首要目标是维持联邦的统一。

直到 1862 年的 8 月，他仍然公开演说道："我最重要的目标是拯救联邦，而不是保留或者摧毁奴隶制。如果我能拯救联邦却不用给一个奴隶以自由，我会这么做。如果我需要给所有奴隶以自由才能拯救联邦，我也会那么做……"

他并不是言不由衷，拯救黑奴从来不是他的首要目标。开战之时，他禁止军官给被俘的黑奴以自由，因为他希望遵守宪法中对私有财产，包括作为私有财产的黑奴的保护。开战之际也绝不是废奴的好时机，因为那会把敌人逼上绝境，极大地强化敌人的力量。

但林肯绝不是不务实的人，当军队让逃脱的黑奴为部队做后勤支援工作时，他也并没有反对。

随着时间的推移，战争陷入胶着，北方一直没有打开局面，林肯开始意识到，解放黑奴的政策或许会成为推动战争格局改变的那块多米诺骨牌。北方已经开始征召黑奴为战争做支援，难道战争结束之后，还会有人把曾经与自己并肩战斗的黑人重新打回成奴隶吗？既然北方已经取得了一场惨胜，为什么不借机扩大战果？这是废奴最好的时机,因为可以瓦解对方,壮大自己。南方的农场一定会发生骚动,北方一定会有更多黑奴主动参战,敌我态势会因此发生巨大分化。

这就是林肯对时机的判断,太早废奴会葬送掉南北战争。但是在交战的过程中,林肯开始清醒地意识到,解决美国建国者在建国时面临的两难问题——要么解放奴隶,那么 13 个州一定不可能合成一个强大的联邦;要么选择联邦,那么就要姑息南方的奴隶制——的责任落在了自己的肩头。建国者选择了合作优先,至于存在的内部矛盾,则留给后代来解决。两代人以后,奴隶制的存废已经成为联邦中最大的矛盾,既然已经爆发了内战,彻底清除奴隶制,也就是清除建国时遗留的大矛盾、大问题、大不义,自然就内化成了内战的目标之一。换句话说,开战之后不久,局面演变成打赢战争才能拯救联邦,而废奴可以帮助打赢战争,废奴也会一劳永逸地解决建国之初就埋下的主要内部矛盾,废奴与拯救联邦的目标也就统一了。

那么会不会违宪呢?在清醒认识了首要目标之后,林肯改变了原先的看法,尽管解放黑奴将是美国历史上最大的一次没有补偿的对私有财产的侵犯,但战争可以把违宪的变成合法的。

1863 年 1 月 1 日,林肯签署颁布《解放黑人奴隶宣言》。他对废奴时机的选择,凸显了他对"空间"和"时间"的把握。空间是理想与现实的碰撞,林肯的经历告诉我们,现实的淘洗不仅让理想的实现有了具体的步骤,甚至让理想中被忽略的部分也全部展现出来。其实,在美国拓边的西进过程中,奴隶制的弊端体现得越来越明显,只是为了顾全联邦的大局,当政者一直在姑息奴隶制。林肯在内战开打之后才清醒意识到,在拯救联邦的内战中彻底废除奴隶制,也会完成对建国者姑息不正义行为的救赎。

审视历史,会发现人的自由选择和历史的必然性也是一对矛盾。历史的演进绝不只是某个偶然事件能触发的,比如说在萨拉热窝发生的奥匈帝国王储斐迪南大公夫妇被刺事件导致了一战的爆发。当然历史也绝不只是注定,例如新崛起的大国与守成大国帝常陷入修昔底德陷阱,虽然大多数以战争告终,却也有和平相处的案例。关键时刻关键人物的关键选择,可以左右历史的发展。但是这种关键人物有他的特质。林肯就是拥有这种特质的关键人物:他接地气,积累了经验,所以拥有了适应未知的韧性;他坚守目标,并能够在历史的进程中更清晰地认识目标,所以他才会抓住时机,把贯彻自己的首要目标——拯救联邦——与废除黑奴制度这一迟到的救赎合二为一;他有足够的灵活度,他懂得取舍,他会为了大局而改变,但他为了达成目标始终坚韧不拔。

就像本文开篇已点明的——他就是大转型期一只有狐性的刺猬。

宋徽宗与汴京之围

历史不容假设，可这并不妨碍我们对发生在南宋北宋之交的历史大转折唏嘘不已。北宋虽然就版图而言为中国历史上历代最小，却开创了辉煌盛世。一张《清明上河图》把汴京的繁华画尽，一本《梦溪笔谈》展示了北宋科技的发展，而宋辽基于合约平等相待，更预示着一种历史发展的可能性。

可惜的是，北宋的繁华因为北方蛮族的入侵戛然而止。金对北宋的战争呈摧枯拉朽之势，一方面是因为北宋君臣对战争形势的误判，另一方面也是中华文明历经百年的发展之后，无法应对北方新崛起势力所带来的巨变。类似的巨变在中国历史上出现过好几次，但是没有哪一次像靖康年间一样来得那么突兀，那么不可思议。这或许是为什么美国著名历史学家伊沛霞（Patricia Buckley Ebrey）会为一位亡国之君写出几乎是"翻案之作"的新传记《宋徽宗》，这也是为什么自由作家郭建龙的《汴京之围：北宋末年的外交、战争和人》会聚焦在金军南下两次围城上，更不用说徐兴业历经半个世纪写出的长篇历史小说《金瓯缺》——这部作品用一种悲凉的笔调不断追问：为什么貌似如日中天的大宋朝，会落得个汴京城破、两帝被掳的悲惨结局？

有血有肉的宋徽宗

按照民间传说所宣扬的因果报应的说法，宋徽宗是南唐后主李煜转世，虽然二人都是诗书画超群的艺术家，却都逃不过亡国的命运。不过宋徽宗所遭受的羞辱，比南唐后主要严重得多，因为他所面对的是尚未完全开化的蛮族。也恰恰如此，伊沛霞抱有极大的同情心，从传主潜在的局限出发，把宋徽宗写得有血有肉。

宋徽宗是个情感丰富和细腻的人，他也是历朝历代生子最多的皇帝，超过在位时间最长的乾隆。虽然美人三千，但是宋徽宗与中国历史上太多沉醉温柔乡的皇帝大有不同。他对后妃懂得珍惜，与后妃有深厚的感情，不少妃子都为他生育了多位皇子与公主，可见他宠爱后妃并不只是因为对方的姿色。他也注重皇子与公主的教育，甚至为公主请师傅，在他的思想中可以发现"男女平等"的萌芽。

作为一名博学多才的艺术家，他有一种希望与朝廷上下的才子构建平等的"知己关系"的渴求。他与蔡京之间就是这样的关系。至于这种渴求到底是"玩物丧志"，还是他虽然身为皇帝，却期待正常的文人间交往的表现，我们只能说，徽宗君臣走不出"楚王爱细腰"，以及"上有所好，下必甚焉"的怪圈。宋徽宗是北宋 100 多年来崇文思想的集大成者，而他与宠臣之间的关系到底多大程度限制、绑架了朝政，同样值得深思。

宋徽宗当然要为北宋的灭亡负责，但如果跳出成王败寇的逻辑，金灭北宋到底有多少是出于偶然，有多少是出于必然？如果宋徽宗只是一个庸碌守成之辈，并没有进取心，或许北宋还不至于这么快灭亡。同样，他的艺术修养决定了他的浪漫主义气质和好大喜功的性格。当然这种性格也注定他不大可能有面临强敌时同仇敌忾的气概和勇气。面对强敌，他选择了逃避，选择了撂挑子。

宋徽宗被金人掳掠到了北方的五国城，不仅是他个人和整个北宋皇族的屈辱和灾难——真正抵达五国城的皇族只有大概 1/10，大多数人不是在路上病死，就是因为是女眷而被金人瓜分——也让他得到了救赎。伊沛霞从徽宗的诗文中爬梳出线索，找出了他心境的变化。这种变化与后主的变化有相似之处，也有不同。怀念故国之外，宋徽宗真正找回了族人大家长的角色，他不再是高高在上的"天下一人"（他最常见的落款），而是苦难族人的主心骨，也想尽办法让族人获得温暖，保持向心力。

城破是否是历史的偶然？

历史的演进绝对不只是因为受到偶然事件的推动（比如说萨拉

热窝事件导致一战），当然也不只是命定的，关键时刻关键人物的关键选择的确可以左右历史的发展。我们需要把观察的焦距拉长，才能看到环境和制度对历史事件的影响。北方迅速崛起的金能够在三年之内发动两次汴京围城的"斩首"行动，并最终灭了北宋，这必须从人事与制度两方面去分析。

宋神宗、哲宗到徽宗三朝，贯穿其中的是新旧派的党争。这一点《汴京之围》中总结得比较到位。在皇帝看来（尤其在后期的徽宗看来）：新党，就是善于理财的实干派；旧党则是趋于保守的清谈派，不愿意改革。危险的是，新党在外部格局发生巨大变化的时候，会是强硬的主战派，因为他们希望通过立功获得晋升，而旧党多数时候则是维持现状的主和派。

党争凌驾于国家利益之上，让国家在应对外部变局时总是发生摇摆：主战派刚刚挑起战端，就可能因为党争而下台，主和派上台之后又想和稀泥，可是这个时候战端已开，早已错过了和谈最好的时机。从两次汴京围城中，我们都能看到北宋在主战派和主和派之间摇摆的例子，最终受损的是国家。

党争其实是北宋制度设计无法跟上时代变化的表征。北宋与金的对垒，其实是守成帝国与新兴强权国家的对话。守成帝国有很多包袱，首先就是制度的包袱。北宋之所以能创造灿烂辉煌的文化，与开国时的制度设计有很大的关系。一方面，为了防止武人做大，北宋官家花费了不少心思，最终使将不知兵、兵不知将，在地方资源管理上，没有谁能够像晚唐五代时的节度使那样盘踞一方；另一方面,为了尊崇文人,也定下不杀文人的规矩,但副作用是官僚体系庞大,官僚之间形成了太多的制衡关系,繁文缛节越来越多,想做成事却不容易。

在北宋与辽近百年的和平时期奉行这样的制度,没有太大的问题,这样的制度甚至确保了北宋文化的灿烂和政权的稳固。但是面对金,北宋上下决策和执行都很慢,没有进行集中授权,让少数有能力的官员肩负起责任,也无法形成有效的战时体制,比如说动员体制、有效集中调配资源的体制、有效统一军权的体制,结果经济和军队体量都几倍于金的北宋,不堪"两"击。

作为文明的代表,北宋鼓励了一种更为和平的,而不是一种类似人身消灭的政坛"博弈",皇帝也是作为最终的仲裁者而不是独裁者行使权力。但是北宋并没能形成有效的处理事务,尤其是处理紧急事务的机制,每每让所谓的道义或者利益赤裸裸地凌驾在大局之上,绑架国家。而官僚的各种杯葛和掣肘,也让真正的有识之士无法在危机关头发挥出像郭子仪或李光弼在安史之乱中匡扶社稷的作用来。

北宋与金的对垒,虽然是文明与野蛮的对垒,但也可以被看作是复杂官僚体系与虎虎有生气的新势力之间的对垒。显然,蹒跚的官僚体系在野蛮生长的新势力面前,疲态尽显。新势力人数虽不多,但是却能够依靠自己的活力和极简的管理方式,即充分的授权、充分的激励,摧枯拉朽般地打破北宋的防御。而且可以采取非常直接却异常有效的"斩首"行动,取得战略上的优势,把经营了100多年，最起码表面上蒸蒸日上的北宋打得一败涂地。武力上颠覆式的打击，却并不妨碍金对北宋的向往，这种向往体现在两方面，一方面是对金银财富的渴望，另一方面也是对北宋文明——比如元宵花灯——的渴望，被金人掳到北方的人中，甚至不乏才学之士、和尚和道士。

大战略的错与对

联金灭辽，收复燕云十六州，到底是不是大战略的失误？放在当时人的语境中，主战派知道，收回燕云十六州，将是五代以来最大的事功，主将会名垂青史，皇帝也将成为千古一帝，这是私心的一面。

如果从历史地理学的视角去看联金也有大格局的合理性。失去燕云十六州的北宋，的确丧失了北方屏障，无法在地理上构筑天然的抵御北方游牧民族的工事，这也是为什么历代宋朝君主都希望收回燕云十六州（明朝永乐皇帝建都北京，天子守边，是有战略意图的）。将国境线推至平原与草原（农耕与游牧）的天然分界线，的确有助于维持北宋的安全，这是尽人皆知的大道理。问题是，北宋的君臣都忽略了一点：将防线推展到燕云十六州，虽然有山川之险以据守，前提是自己有守的能力，而且有长久对峙敌人的准备。

关于联金灭辽还是助辽抗金，朝堂之上并不是没有争辩。老成派（包括蔡京）都知道唇亡齿寒的道理，甚至有人问徽宗：你是希望与弱的辽为邻，还是与强大的且仍在崛起的金为邻。唇亡齿寒的道理,并不难解释。但是少壮派(包括蔡京的儿子蔡攸)却强调这是收复故土的绝佳历史时机。不被少壮派理解,而老成派却心知肚明的是,战争需要花钱,战争需要训练有素的军队,这些都是当时的北宋所缺乏的。

在与辽、西夏的百年互动中,北宋形成了两个后世看来很重要的思想:用国家的概念、竞争和共处的概念,代替"普天之下,莫非王土"的世界观;用经济手段——互市、岁贡、签订条约,代替战争来处理国际关系问题。恰恰因为有了这两个改变,北宋才可能忽略武备。有一组数字很重要:北宋对辽的岁贡,占北宋 GDP 的 2％～3％;而如果在边境仅仅依赖武力去防御辽的话,至少需要 10 倍的开销。虽然北宋每年向辽进献超过 20 万两白银,辽却并没有囤积大量财富,更多白银因为要采购北宋的商品而回流。如果从贸易视角来分析,岁贡极大地促进了宋辽贸易的发展,对两国整体经济发展都是有益的。

站在一个更为极端的角度去看北宋输纳给辽岁币这件事,它不是简单意义上"交保护费"这样低三下四的举动,而是把窖藏的金银投入到更有益的流通中去,更强化了辽在经济上对北宋的依赖。但也恰恰是因为宋辽之间的百年和平,以及北宋通过岁币赎买替代武力对抗的方式,让北宋根本不具备正面应对北方之敌的军事能力。

北宋与金的外交,最大的误判是忘记了辽与金的差别。对比较汉化,也从与北宋经济的融合中尝到甜头的辽,可以进行条约式的赎买;对还没怎么汉化却在快速崛起的金,赎买政策基本上不起作用，双方比拼的是军事实力和将帅的领导力。如果论军事实力和将帅的领导力，金作为刚刚灭辽的新锐是超过北宋的。而北宋军队在夹击辽时所表现出来的无能，让只懂得实力的北方蛮族看不起北宋，也吊起了他们吞并北宋的胃口。

北宋君臣最大的盲点是在地缘政治已经发生了根本的改变时，对现状缺乏理解，更缺乏准备。他们不清楚，宋辽长达百年的用岁币赎买换来和平的时代已经结束，他们必须要应对国境之外迅速崛起的强敌。显然，徽宗、蔡京、童贯的组合，高估了自己军队（在西北与西夏的战争和征方腊的战争中所锻炼的军队）的实力，低估了崛起中的金。

这恰恰是联金灭辽战略最大的软肋：当条约没有足够的军事实力背书的时候，在刚刚崛起的金看来，北宋就是可以欺负的软柿子。弱国无外交，不清楚自己军队的实力，也没有强大的动员能力和统率力，就根本不具备大战略博弈的基础。

当然，北宋君臣身上更缺乏的是洞悉时机的狡猾。在一个大变局的时代，只有狡猾的狐狸才能审时度势，应变如常。与金联盟两面夹击辽，是静态思维的产物——收回燕云十六州，将国境线推进到天然屏障——却忽略了从动态层面出发考虑问题，一个强大且仍在不断崛起的金并非北宋所能抵挡。"鹬蚌相争，渔翁得利"，救助弱者，削弱强者，保持均势，让地缘政治的格局向更有利于北宋擅长的方向发展，这才应该是北宋君臣的优先选择。

可惜，历史不容假设。

万历二十七年的仲夏旅行

历史自身在不断重演,

第一次是悲剧,第二次是假期。

——《时间旅行者手册:从维苏威火山爆发到伍德斯托克音乐节》

万历二十七年(1599),"丙申,以诸皇子婚,诏取太仓银二千四百万两。户部告匮,命严核天下积储",《明史》如是记载。征调 2400 万两白银,想来是为福王大婚做准备,不顾国无余粮的窘境。大约同时,儒略历 1599 年 6 月 12 日,泰晤士河南岸的环球剧院盛大开张,上演一出威廉·莎士比亚的新作《裘力斯·凯撒》。

《时间旅行者手册》为时光旅行者准备了 18 场定制旅行,其中一个就是儒略历 1599 年 6 月 11—12 日伦敦两天一夜的行程,看点是加入到 3000 多名观众之中观摩《裘力斯·凯撒》的首演。

上演莎士比亚戏剧的环球剧院坐落在泰晤士河南岸，从伦敦城①过去，要么乘船，要么走过伦敦桥。十六、十七世纪，叛国者被处以极刑之后，仍然会被分尸示众，头颅就插在伦敦桥的杆子上，让过桥去泰晤士河南岸看戏的人都能看到。

《时间旅行者手册》安排的旅程在儒略历 1599 年 6 月 11 日上午 9 点半开始，起点是泰晤士河南岸通向伦敦桥的半英里（约为 804.7 米）远的大路上。

伦敦当时已是欧洲最为富庶的城市，但比起晚明的江南城市还要略逊一筹。根据牛津大学斯蒂芬·布劳德伯利（Stephen Broadberry）、北京大学管汉辉和清华大学李稻葵的研究，当时伦敦的人均收入仍然低于富庶的江南城市，要等到 100 多年后，也就是孔尚任写就《桃花扇》的时候，伦敦才会超过南京。

进入伦敦城，你会发现巨商富贾的深宅大院与赤贫的棚户区杂乱相间。在街头漫步，你也会注意到路人都非常年轻，有一半人的年龄都在 20 岁以下（当然，那个时代的人均寿命只有 40 岁）。如果有人对你说，你还不如泰晤士河里的一泡尿，那就是很严重的侮辱了，需要拔剑以维护自己的荣誉。

《裘力斯·凯撒》的首映在周六下午 3 点举行，但为了抢位子，许多人早早就在环球剧院门口排队。剧院可以容纳 3300 人。坐

---

① 在莎士比亚的年代，泰晤士河南岸不属于伦敦城范围。

票的价格是 2 个便士,但是不用对号入座,1000 多人付费入场之后都要为了好一点的座位而争夺一番。站票更便宜,只要 1 个便士,2000 多人站在面对舞台的土坡上。

票房(Box Office)这个词据说就来源于此:将在剧院入口处收取的硬币票投入陶罐(显然是为了防止门房中饱私囊),陶罐在后台被砸碎,硬币被收在一个大钱箱里,箱子则被锁进密房。绞架与戏台在英语里也用同一个词,因为都是聚集了看客的地方。买了站票在舞台脚下看戏,和在喧闹的人群中围观断头台的感觉应该非常类似。

《裘力斯·凯撒》这一出莎剧演下来只有两小时出头,17 景,没有幕间休息,一气呵成。第三景,暮色降临,电闪雷鸣,策划刺杀凯撒的元老们正在进行最后一次密谋。到了第八景,雷声仍然隐隐可闻,圣殿前,凯撒在元老们的簇拥下走向元老院,几番对话之后,凯斯卡自背后猛刺凯撒,众人和勃鲁托斯一起下手。凯撒面对最亲近的朋友的背叛,哀叹着说出最后一句话:"原来还有你啊,勃鲁托斯?"演员衣服内的几皮囊羊血被捅破,鲜血流了一地,一代枭雄倒下。

康熙,北京

100 多年后,孔尚任在《桃花扇》里也写出了星星点点的鲜血——阁部史可法在据守扬州时迸发出的血泪:

"只靠你们三千子弟,谁料今日呵,都想逃生,漫不关情;这江山倒像设着筵席请……呵呀!浑身血点,是那里来的?(外拭目介)都是俺眼中流出来。哭的俺一腔血,作泪零……妙妙! 守住这座扬州城,便是北门锁钥了。"

不知道当年在北京菜市口胡同碧山堂大戏台首演的时候,昆曲班社的角是如何演绎这血点衣襟的场面。同样是血溅舞台的剧目,是不是带来了类似的揪心感?

不过,史可法所保的弘光皇帝却是扶不起的阿斗,扬州沦陷的消息刚传到南京,他便在半夜敲开门禁,绝尘而出,唱词道:"听三更漏催,听三更漏催,马蹄轻快,风吹蜡泪宫门外……趁天街寂静,趁天街寂静,飞下凤凰台,难撇鸳鸯债。"

哪像凯撒的盟友安东尼那么英雄,在凯撒的葬礼上,安东尼如是开场:"朋友们,各位罗马人,同胞们,请听我说;我是来埋葬凯撒,不是来赞美他。"安东尼的演说煽动起市民对弑君者的仇恨,把《裘力斯·凯撒》带入下一个高潮。

重回伦敦

再穿越回 1599 年伦敦的旅行。

虽然在晚明,商贾阶层乱用服色已是正常现象,但在英国,英国官方仍然严格限制百姓的衣物服色,任何人都不能轻易僭越。不过商贾的一副漂亮行头却已经被普罗大众所接受,这也是旅行团推荐的行头。那个年头伦敦的街头和北京、南京街头一样,富庶阶层衣着华美,且兼收并蓄:西班牙式的袖衫,法国式的外套,荷兰式的斗篷。女性的服饰要烦琐些,不能袒肩露背。当然,未婚女性仍然可以秀出诱人的乳沟。

当时的导游手册上提醒,仙人跳很常见,导游也多是油滑诈骗之人,乞丐更是难免,他们都获得了教会的特许,有各自的乞讨范围和时间。你还可能看到一些人被割掉了一个耳朵甚至双耳,不要惊慌,那时候肉刑在伦敦还没有被废除。

除了看戏,还有其他体验项目,两天一夜的行程被安排得很丰富。

午饭之后,可以参加一些娱乐活动。可以去学击剑,或者射击、射箭。当然如果想要血腥刺激一点的,也可以加入伦敦塔的观光团,里面有虐待犯人的真人秀。

夜晚的住宿安排在圣保罗大教堂边上的贝尔客栈,晚饭 6 点开始,且伴有轻歌曼舞。餐馆里通常烟熏火燎,建议你也买一个烟斗,抽上一卷上好的烟叶。饭后可以去赌博,可以打扑克,也可以掷骰子,小赌怡情,不过千万别玩大的,因为水很深。除非你剑术高强,否则为了金钱和荣誉,一场赌博很容易就会变成一场生死决斗。

虽然是夏至夜,饭后的娱乐时间却并不太长,9 点前就得回到酒店。宵禁即将开始,和九门提督的缇骑一样,卫兵会在夜晚进行全城巡逻,缉捕 9 点之后还在外游荡的闲杂人等。

还有什么推荐?

《时间旅行者手册》中看点多多。另一条推荐路线是重回"波士顿倾茶事件"现场，1773 年 12 月 16 日晚开始的波士顿 36 小时行程，见证了美国独立战争的第一幕。

当然，如果我有闲情雅致去做一番考证，会设计一个康熙三十九年（1700 年）正月的北京 VIP 行程。那年正月初七，寓居北京宣武门外海波寺街的孔尚任邀集了 18 位名士挚友在岸堂寓所，让伶人表演《桃花扇》。成为第一批观赏新剧的观众，岂不快哉！随后，旅行团会安排客人观赏《桃花扇》在碧山堂大戏台由著名昆曲班社进行的首演。《桃花扇》此后会连演数场，一时轰动京城，甚至传到了康熙皇帝的耳朵里。

如果还要来一个戏中戏穿越的话，那就回到 1643 年（崇祯十六年）2 月的南京贡院前，看吴应箕创作《留都防乱公揭》的一幕——"偏是江山胜处，酒卖斜阳，勾引游人醉赏，学金粉南朝模样。暗思想，那些莺颠燕狂，关甚兴亡！"

此时虽然北方糜烂，南京却仍有接踵不断的集会、街头巷议的热情、集体围观的揭帖，还有秦淮河边纵情冶荡的情侣，人们流连于文酒笙歌之中。张扬不羁，纵情声色，南京实在是一座借着个性解放抒发变革苦闷的城市，充斥着从精神到肉体的自我放逐。时人哪里知道，一年之后的甲乙（指甲申年、乙酉年，1644—1645 年）之际，竟是改变中国历史的大关节点。①

---

① 1644—1645 年正是大明、大顺、大西、满清政权的交替更迭之时。

图书在版编目（CIP）数据

转型思维：如何在数字经济时代快速应变 / 吴晨著.
—杭州：浙江大学出版社，2020.6
ISBN 978-7-308-20135-3

Ⅰ.①转… Ⅱ.①吴… Ⅲ.①信息经济—研究 Ⅳ.
①F49

中国版本图书馆 CIP 数据核字（2020）第 055000 号

转型思维：如何在数字经济时代快速应变

吴 晨 著

策划编辑	程一帆
责任编辑	顾 翔
责任校对	程曼漫
封面设计	VIOLET
出版发行	浙江大学出版社
	（杭州市天目山路 148 号 邮政编码 310007）
	（网址：http://www.zjupress.com）
排 版	杭州中大图文设计有限公司
印 刷	杭州钱江彩色印务有限公司
开 本	880mm×1230mm 1/32
印 张	7.75
字 数	171 千
版 印 次	2020 年 6 月第 1 版 2020 年 6 月第 1 次印刷
书 号	ISBN 978-7-308-20135-3
定 价	58.00 元